Todo lo que tienes que saber sobre la vida

Biblioteca Enrique Rojas

Enrique Rojas

Todo lo que tienes que saber sobre la vida

Espasa, un sello editorial de Editorial Planeta, S. A.
Avda. Diagonal, 662-664, 08034 Barcelona (España)
www.espasa.com
www.planetadelibros.com

Diseño de la cubierta: Booket / Área Editorial Grupo Planeta
Imagen de la cubierta: Shutterstock
Primera edición en Colección Booket: septiembre de 2021
Primera edición en esta presentación: marzo de 2025

Depósito legal: B. 3.635-2025
ISBN: 978-84-670-7640-0
Impresión y encuadernación: Liberdúplex, S. L.
Printed in Spain - Impreso en España

Biografía

Enrique Rojas es catedrático de Psiquiatría y Psicología Médica y director del Instituto Rojas-Estapé de Madrid. Ha sido Médico Humanista del Año en España. Pertenece al capítulo español del Club de Roma. Ha recibido el Máster de Alta Dirección de España. Ha sido galardonado con el premio Pasteur de Medicina e Investigación Médica otorgado por la Asociación Europea de Economía y Competitividad. Sus libros tienen dos vertientes: los clínicos, dedicados a las depresiones, la ansiedad, la crisis de pánico, los trastornos de la personalidad y los trastornos de conductas en los adolescentes; y otros de ensayo y temas humanísticos sobre la felicidad, la voluntad, el mundo de los sentimientos o el desamor. Ha participado en numerosas ferias del libro en Europa y América, en las que su obra ha tenido una excelente acogida. Ha vendido más de tres millones de libros. Su obra ha sido traducida a numerosos idiomas: del inglés al alemán, pasando por el ruso, el italiano, el polaco o el portugués. Ha participado en muchas ferias del libro, desde Frankfurt a Buenos Aires, pasando por México, Nueva York, Santiago de Chile o Londres.

ÍNDICE

Para Jesús, Enrique, Javier,
Isabel, Maravillas y Antonio:
sois el futuro, ojalá forméis a muchos.

PRÓLOGO

La madurez es un tema poliédrico. Tiene muchas laderas y modos de aproximación. La mencionamos con mucha frecuencia de forma rápida, fugaz, como comentario ante ciertas personas, pero la verdad es que pocas veces nos detenemos para apresar su contenido y fijar las principales claves que la definen.

Los psicólogos y los psiquiatras nos dedicamos a la ingeniería de la conducta. Bajamos al sótano de la personalidad para descubrir los principales mecanismos del comportamiento y buscar leyes que nos acerquen a este concepto tan complejo, rico, variado, repleto de matices, donde las ideas estallan en el escenario psicológico y uno se ve perdido en la espesa selva de todos los registros que se arremolinan aquí.

El lector podrá encontrar en este libro mucho material para bucear en lo que es y significa la madurez. El libro consta de cuatro índices: el general, al principio del texto y luego, al final, de tres más: bibliográfico, de autores y de materias. Este último lo he cuidado mucho para que se pueda explorar mejor su contenido y sacarle un mayor partido.

No hay madurez psicológica sin conocimiento propio. Y no hay conocimiento propio sin reflexión.

Enrique Rojas
22 de diciembre de 2019

INTRODUCCIÓN: ¿QUIÉN ES EL SER HUMANO?

Gran pregunta. *El ser humano es una realidad compuesta de cuerpo, alma y psicología.* Y es fundamental conseguir una buena articulación entre estos tres principios que se hospedan en su interior. Para Platón, la relación entre el alma y el cuerpo es como el marino respecto a la nave. Los clásicos repetían una expresión latina, *sema soma,* «el cuerpo como cárcel del alma». Descartes, partiendo del *cogito ergo sum,* viene a decir que el hombre es un ser pensante. Los griegos lo nombraban como *zoon logikón:* «animal racional».

Definir es limitar. Es expresar la esencia de una realidad. El ser humano comparte un cuerpo como el animal, pero tiene cuatro notas en su interior que son claves: *inteligencia, afectividad, voluntad y espiritualidad.* Estas le diferencian claramente del resto del mundo animal. Voy a dar una pincelada de cada una de ellas.

Inteligencia es la capacidad para captar la realidad en su complejidad y en sus conexiones. Inteligencia es capacidad de síntesis. Es saber distinguir lo accesorio de lo fundamental. Es el arte de reducir lo complejo a sencillo. Es claridad de pensamiento. La sencillez es una virtud intelectual; es la virtud de la infancia. Hoy sabemos que existen muchas variedades y por eso debemos hablar de inteligencias en plural[1]. Aun así, debo subrayar que *a la razón le corresponde la búsqueda de la verdad*. La verdad es la conformidad entre la realidad y el pensamiento. Hay una verdad teórica y otra práctica.

La *afectividad* está constituida por un conjunto de fenómenos de naturaleza subjetiva diferentes de lo que es el puro conocimiento, que suelen ser difíciles de verbalizar y que provocan un cambio interior. La vía regia de la afectividad son los sentimientos: el modo habitual de vivir el mundo emocional[2]. Todos los sentimientos tienen dos caras contrapuestas: alegría-tristeza, paz-ansiedad, amor-desamor, felicidad-infortunio, etc. *A la afectividad le corresponde la*

---

1. Está claro que no es igual la inteligencia de un arquitecto que la de un corredor de motos profesional, la de un psiquiatra, la de un obrero de la construcción o la de un decorador de interiores. Enumero una cascada de inteligencias solo de pasada: teórica, práctica, social, analítica, sintética, discursiva, matemática, musical, emocional, auxiliar… o inteligencia para la vida. En cada una de ellas laten en su fondo unas notas muy particulares que la diferencian de las otras.

2. Son cuatro los principales modos de vivir la afectividad: *sentimientos, emociones, pasiones y motivaciones*. Cada una tiene su nota distintiva, pero el modo común de percibir la afectividad son los *sentimientos,* que voy a definir de la siguiente manera: *son estados de ánimo positivos o negativos que nos acercan o nos alejan de aquella persona o hecho que aparece delante de nosotros*. No hay sentimientos neutros en sentido estricto; pensemos en el aburrimiento, que está más próximo de la tristeza y del desencanto que de una banda media afectiva.

búsqueda de la belleza, o dicho de otro modo, del equilibrio, de la armonía subjetiva.

La *voluntad* es la tendencia para alcanzar un objetivo que descubrimos como valioso. Es un apetito racional que nos impulsa hacia una meta. Es un propósito que se va haciendo realidad gracias al trabajo esforzado. La iniciativa para lograr algo valioso, que cuesta. Voluntad es querer y querer es determinación[3]. *A la voluntad le corresponde la búsqueda del bien.* Voy a tratar de delimitar esto. ¿Qué es el bien? *El bien es lo que todos apetecen.* O dicho de otra manera: *aquello que es capaz de saciar la más profunda sed del hombre.* Expresado de otro modo: *el bien es la inclinación a la propia plenitud, que significa autorrealización.*

De este modo aparecen tres ideas claves: *la inteligencia busca la verdad; la afectividad, la belleza; y la voluntad, el bien.* Son los trascendentales de los clásicos: verdad, belleza y bien.

La cuarta característica que he apuntado al principio es la *espiritualidad,* que significa pasar de la inmanencia a la trascendencia, de lo natural a lo sobrenatural, descubrir algo que va más allá de lo que vemos y tocamos. Vamos, de la visión horizontal a la vertical: es captar el sentido profundo de la vida[4]. Toda filosofía nace a orillas de la muer-

---

3. Hoy en día, en la Psicología moderna, se considera que la voluntad es más importante que la inteligencia. Es superior porque actúa de palanca para alcanzar objetivos concretos.

4. La *espiritualidad* puede ser definida como la dimensión trascendente de la vida, que no se queda en lo puramente material, lo que se toca y se ve, sino que va más allá. En nuestra cultura europea son tres las más destacadas: la judía, la cristiana y la musulmana. Cada una de ellas tiene un libro que la define: la *Torah,* el *Evangelio* y el *Corán.* Pero el cristianismo no es una doctrina

te. Como diría Ortega: «Dios a la vista». Tener un sentido espiritual de la vida es haber encontrado las respuestas esenciales de la misma: de dónde venimos, a dónde vamos, qué significa la muerte. Para los cristianos lo definitivo no es una doctrina, ni un libro (el *Evangelio*), sino conocer a una persona, que es Cristo. Encuentro, diálogo y confianza. Y la *ley natural o naturaleza,* que no es una esclavitud, sino expresión de lo que somos, de nuestro ser en profundidad; es la gramática profunda de lo que somos... Negarlo es un error grave.

Soy un gran aficionado a la música clásica. Beethoven, Mozart, Brahms, Tchaikovsky, Falla, Granados... Cuando veo en directo un buen concierto me impresiona ver a los profesores tocando cada uno un instrumento concreto y asoman el piano, el violín, el violonchelo, la trompa, los platillos, el clarinete... Extrapolando esto al terreno de la *personalidad,* estos instrumentos son la percepción, la memoria, el pensamiento, la inteligencia, la conciencia, etc. Y el director de la orquesta es la *persona* que consigue aunar todo eso para dar lugar a la conducta.

Los psiquiatras somos perforadores de superficies psicológicas. Bajamos al sótano de la personalidad a poner orden y concierto. Es más, hoy somos capaces de hablar de los *trastornos de la personalidad,* que son desajustes en su funcionamiento y que dan lugar a llevarse uno mal consigo mismo y a choques frecuentes con los demás. Gene-

---

que viene en un libro sino que se basa en una persona, *Cristo:* Él es el referente, el sentido, la esencia de este modo de entender la existencia.

ralmente estos pasan desapercibidos en las relaciones superficiales y, por el contrario, se observan con bastante nitidez en las relaciones profundas (en la familia especialmente y en las amistades íntimas).

La *Psicología* es la ciencia que tiene a la conducta como objeto, a la observación como medio y a la felicidad como destino. La cuestión de la felicidad es la vida buena y eso es sabiduría. Muchas veces mis pacientes me dicen que debería existir *la pastilla de la felicidad* y tomarnos una por la mañana para sentir que todo marcha, que las cosas de uno van bien...

¿Qué nos falta para ser felices cuando uno lo tiene casi todo y no lo es? Lo que nos falta es *saber vivir*. Y eso es arte y oficio. Aprendizaje para manejar con artesanía estas cuatro dimensiones que he mencionado: inteligencia, afectividad, voluntad y espiritualidad. La puerta de entrada al castillo de la felicidad consiste en tener una personalidad madura, que no es otra cosa que una mezcla de conocimiento de uno mismo, equilibrio, buena armonía entre corazón y cabeza, saber gestionar bien los grandes asuntos de la vida, superación de las heridas y traumas del pasado, etc.

Vuelve aquí el tema de la felicidad. En definitiva, *una vida lograda,* que no es otra cosa que una felicidad razonable. No pedirle a la vida lo que no nos puede dar. Mi fórmula es: logros partido por expectativas. Moderar las ambiciones.

Italia fue la cuna del Renacimiento; España, del Barroco; Francia, de la Ilustración; Alemania, del Romanticismo. Inglaterra aportó la Revolución Británica (1642-1689). Estados Unidos nos trajo una Constitución que ha sido un referente. Fue en Francia cuando por primera vez se habló de la felicidad en un sentido más preciso, en el siglo XVIII, con la *Enciclopedia*. Aunque ya en Grecia y en Roma se habló de ella de un modo más genérico. Pero ha sido en el siglo XX cuando la felicidad ha sido la meta, el punto de mira, la estación de llegada. Hoy la medimos: existen escalas de evaluación de conducta diseñadas por psicólogos y psiquiatras que, mediante un cuestionario bien elaborado y validado, pesan y cuantifican el grado de felicidad que alguien tiene según la concepción de su autor.

La felicidad consiste en conseguir la mejor realización de nuestro proyecto personal y la coherencia de vida, que es el puente levadizo que nos conduce finalmente al castillo de la felicidad. Porque la vida es arte y oficio, corazón y cabeza, afectividad e inteligencia. Sabio es el conocedor de la vida.

A lo largo de estas páginas voy a ir buceando en qué es y en qué consiste la madurez psicológica, que no es otra cosa que *una cierta plenitud del desarrollo personal*. Esto requiere que seamos capaces de sistematizar la construcción de lo que es la madurez, variables individuales y otras del contexto de esa persona. Espero que dentro de la dificultad del tema podamos adentrarnos en la selva espesa de este concepto.

lección 1.ª

¿Qué es la madurez de la personalidad?*

El término *madurez* tiene un aspecto indefinido, polisémico, ambiguo, desdibujado; es como un pozo sin fondo, todos sabemos aproximadamente de qué estamos hablando pero no es fácil apresar su concepto. Existe en todas las lenguas: *reife, maturity, maturité, maturità*... En alemán, inglés, francés e italiano. Su uso social se ha generalizado y esos términos los manejamos a diario, pero no es sencillo dar una definición pues son muchos sus componentes y en su seno se hospedan ingredientes muy diversos. Pasa algo parecido con el término *salud mental: buen equilibrio físico, psicológico y social en el que no aparecen síntomas psíquicos que afecten al normal desenvolvimiento de la persona*. Esta definición que yo ahora pongo sobre la mesa es demasiado vaga, difusa, imprecisa y poco útil. Todo va a depender de las diversas teorías y modelos que tengamos sobre lo que es la personalidad.

---

* Conferencia pronunciada en el Royal College of Medicine. Londres, 17 de noviembre de 2017.

Madurez de la personalidad es equilibrio, autonomía, capacidad para tener una conducta apropiada según las circunstancias, responsabilidad, y saber tener unos objetivos en la vida realistas, medibles y que nos ayuden a crecer como seres humanos. Esta definición que propongo es demasiado compleja, y quizá poco operativa, aunque nos sitúa de una manera provisional frente a este concepto tan amplio y disperso a la vez.

Otra definición es esta: *madurez de la personalidad es saber afrontar las transiciones de la vida y hacerlo de forma positiva, que ayude al crecimiento de las principales dimensiones de uno mismo.* Pero vemos lo difícil que es hacer esto. Definir es limitar[1]. Se trata acercarse uno a este término sabiendo su dificultad[2]. No obstante, son muchas las expresiones que se manejan y que van en esta línea: «salud mental positiva, funcionamiento afectivo, buen equilibrio de conducta, óptimo desarrollo de la personalidad». Se trata de intentar ordenar sus dimensiones: física, psicológica (cognitiva, de conducta y sentimental), social y cultural. Y a la vez, todas ellas están envueltas por dos notas: una *estática* (que se refiere a un cierto punto de llegada en donde esas variables tienen un buen nivel) y otra *dinámica* (que se

1. Ya Freud, el padre del psicoanálisis dio una definición muy concreta: «Capacidad de amar y de trabajar». Estamos en un terreno pantanoso, de arenas movedizas, en donde todo se mueve, va y viene y cuesta fijarlo.

2. D. H. Heath, uno de los que ha intentado investigar más sobre la madurez en su libro *Exploration of maturity*, Appleton Century Crofts, Nueva York, 2012, nos advierte de lo complejo de aunar a la vez sus distintos ingredientes, que abarquen lo físico, lo psicológico, lo social y lo cultural. De entrada parece fácil, pero hacerlo científicamente resulta muy complicado.

refiere a un proceso en continuo movimiento de ganancias y pérdidas, de aciertos y errores, de capacidad para adaptarnos a los cambios y acontecimientos vividos y, a la vez, el no haber sabido gestionarlos de forma adecuada).

Se la puede nombrar de distintos modos: *madurez psicológica es conocer el sentido de la vida y ser capaz de recorrer el trayecto que va desde el ideal que uno tiene a su mejor realización.* La *felicidad* la encontramos de nuevo por ahí: *consiste en la realización más completa de uno mismo, sabiendo aceptar las limitaciones y errores propios del ser humano.* Realización y proyecto forman una unidad. Realización y felicidad forman otro binomio esencial.

Hay dos campos en la madurez de especial relieve, el que se refiere a la *personalidad* y otro que trata de los *sentimientos.* Son muy diferentes, como veremos en el curso de las próximas páginas, aunque tienen zonas comunes en donde una vertiente se adentra en la otra y viceversa. Ahora nos vamos a referir a la primera.

Pues bien, lo primero es tratar de explicar qué entendemos por *Personalidad.* Lo expresaré de entrada con una fórmula sencilla: *es la forma de ser de cada uno.* Un conjunto de pautas de conducta actuales y potenciales, que se mueven sobre tres grandes columnas: la herencia, el ambiente y la biografía. A la parte hereditaria de la personalidad se la llama *temperamento* y viene con el equipaje genético. A la parte que procede del entorno, del tipo de familia y educación recibida, estudios, formación, amistades y un largo etcétera en esa misma línea, se le llama *carácter.* Y el tercer ingrediente se refiere a la *historia personal,* en donde se acumulan hechos, vivencias, traumas, éxitos y fracasos que forman una constelación rica y plural de todo lo que uno ha vivido, es la *biografía.* Por tanto, la *personalidad está hecha de herencia, ambiente y biografía.*

Se trata de una complicada matriz que se mueve entre las disposiciones biológicas y el aprendizaje y que da lugar a una serie de *conductas manifiestas* y *encubiertas, públicas* y *privadas*, externas e internas, visibles y ocultas que forman esa forma de ser. Por tanto, hay que dejar claro que *la personalidad es un estilo de vida* que afecta a *la forma de pensar, sentir, reaccionar, interpretar y conducirse.* Esta definición hace referencia a cuatro áreas. El pensamiento, la afectividad, la manera de afrontar las circunstancias y, por último, una forma concreta de actuar. Los psiquiatras y los psicólogos nos dedicamos a la *ingeniería de la conducta.* Ponemos todo nuestro conocimiento para ayudar a nuestros pacientes y a nuestro lectores a mejorar su comportamiento y hacerlo más sano y equilibrado. Bien, vamos con ese *decálogo:*

1. Conocerse a sí mismo

En el templo de Apolo en Grecia, había una inscripción en su entrada que decía así: *nosci se autom,* «conócete a ti mismo», que significa dos cosas: conocer las *aptitudes,* aquellas cosas para las que uno está especialmente dotado, y sacarle el máximo partido; y las *limitaciones,* lo que uno desconoce o no maneja bien. Este primer punto es importante porque evita que esa persona se embarque en empresas y aventuras en las que sabe que no va a funcionar bien. Este apartado es básico. He conocido en mi experiencia de psiquiatra a gente, ya de cierta edad, que desconocía su forma de ser, lo cual les llevaba a comportamientos inadecuados o a no saber medir el alcance de sus palabras o de sus hechos.

2. Haber sabido superar las heridas del pasado

Esto lo podríamos decir de otra manera: *la felicidad consiste en tener buena salud y mala memoria.* La vida no va bien sin buenas dosis de olvido. La vida es una operación que se realiza hacia delante. Vivir es proyectarse. Madurez es vivir instalado en el *presente,* sabiendo sacarle el máximo partido y disfrutando de todo lo bueno que nos puede traer. Haber sido capaz de cerrar los traumas del *pasado,* con todo lo que eso significa, para dejar de lado el rencor, ese sentirse dolido y no olvidar que puede ser la puerta de entrada a una personalidad agria, amarga, dolida, resentida y echada a perder. Y por otra parte, vivir empapado y abierto hacia el *futuro,* sabiendo que es la dimensión más fructífera, ya que la felicidad consiste en ilusión.

Pueden existir heridas físicas o psicológicas o familiares o económicas que sean de gran importancia y que por su contenido resulten difíciles de superar. Es la complejidad de la vida y los muchos matices que se dan en ella. En ese caso, la lucha personal es más fuerte y hay que poner más medios para evitar que eso marque la existencia en negativo.

Heridas no resueltas del pasado dejan una huella, que se llama *resentimiento*, que literalmente significa *sentirse dolido y no olvidar*. Son recuerdos tóxicos, neuróticos, negativos, históricos, que enturbian la personalidad y hacen a la persona desgraciada. Los psicólogos y los psiquiatras ayudamos a superar esto, a pasarlo por alto.

3. Tener una buena percepción de la realidad

Esto es algo que Dyer lo enfatiza una y otra vez[3]. Captar de forma adecuada *lo que uno es* y representa y también *el entorno* que le rodea. Que ese conocimiento sepa discernir bien lo *intrapersonal* (lo que hay dentro de uno mismo) y lo *interpersonal* (lo que se refiere a los demás, sabiendo medir bien las distancias y las cercanías). Este punto puede parecer fácil a primera vista, pero es más complejo de lo que aparenta. Ser realista con uno mismo. No creerse uno más de lo que es, ni tampoco minimizarse. Tener los pies en la tierra. Y para eso necesitamos personas a nuestro alrededor que nos den una información lo más ajustada posible de lo que realmente somos, pero encontrarlas no es tarea fácil. En otras oca-

3. En su libro *Tus zonas erróneas,* Ed. Penguin Random House, Barcelona, 2014. Probablemente este es el autor de los llamados *libros de autoayuda* de más renombre, pues dicho texto está muy bien hecho y sus páginas resumen de forma muy acertada lo que es una persona *sin zonas erróneas,* sin aristas y sin rasgos patológicos.

siones son las circunstancias mismas las que realizan esta labor y nos ponen en la verdad de lo que somos y hacemos.

4. Estabilidad emocional

Tener pocos cambios en el estado de ánimo, de tal manera que se dé una cierta regularidad en cómo nos encontramos por dentro, con pocos picos o escasas subidas y bajadas anímicas. Esto es debido a que esa persona ha sabido *procesar de forma sana toda la información que le llega*, evitando convertir un problema en un drama o minimizar los hechos que se viven. En una palabra: *madurez es saber darle a las cosas que nos pasan la importancia que realmente tienen.* Hay pocos dientes de sierra y el ánimo se hace equilibrado, afianzado, duradero, lo contrario de una montaña rusa.

¿Cómo se puede alcanzar esto? ¿Cuál es la estrategia psicológica para llegar a esto? Voy a proponer cinco pasos que son muy concretos y que hay que trabajarlos con minuciosidad; es una tarea que nosotros hacemos con nuestros pacientes y, en cada caso, estas cinco vertientes tienen matices diferentes:

— Aprender a controlar mejor los *estímulos externos*. En personas hipersensibles[4] hechos o situaciones de

4. Hoy se habla de *PAS: Personas de alta sensibilidad.* Son aquellas que tienen una piel psicológica tan fina que todo les afecta de forma excesiva, extraordinaria. Sufren por todo y el problema es que son demasiado vulnerables. En este capítulo hablaré de ellas de forma intermitente.

escasa importancia afectan demasiado y provocan un cambio sustantivo del ánimo. Se trata de gente muy vulnerable a la que todo le cala muy hondo. Hay que enseñarles a relativizar, a quitarle importancia a esos sucesos, a desdramatizar, a tener una visión más larga y que el anecdotario negativo no pueda con uno. Es todo un aprendizaje.

— Aprender a controlar mejor los *estímulos internos*. Estos son más difíciles de detectar pues vienen de ideas, pensamientos, recuerdos, imaginaciones o simplemente que uno se pone a pensar en negativo. En personas introvertidas u obsesivas o rumiadoras esto es muy común y hay que enseñarles el modo de poner freno a estos *pensamientos intrusos destructivos* porque tienen unos efectos muy nocivos. Hay que saber identificarlos y conocer cómo funcionan en nuestro espacio mental.

— Otras veces esas oscilaciones del ánimo son debidas a una *mala tolerancia a las frustraciones*. Dificultades, reveses, sinsabores, cosas que nos salen mal y, bien por el tema de que se trate o por el momento en que suceden, producen una reacción demasiado negativa; como consecuencia viene el bajón de ánimo, una cierta irritabilidad o respuestas desproporcionadas a un hecho de escaso valor[5]. Hay que en-

---

5. Las frustraciones son necesarias para la maduración de la personalidad. Son pequeñas o medianas pruebas que nos examinan sobre cómo somos capaces de superar las adversidades de la vida misma y a relativizar.

señar a este tipo de personas a tener una mejor tolerancia a las frustraciones y a saber crecerse ante todo eso. Ser buen perdedor de día en día, de semana en semana.

— En otras ocasiones esos picos son originados por una *excesiva soledad e inactividad*. Estar solo y sin hacer nada puede ser un arma de doble filo en personas que no saben gobernar sus pensamientos e inconscientemente se dejan invadir por preocupaciones, problemas o temas sin resolver... y se abre la puerta a una cascada de ideas circulantes más o menos nocivas o inquietantes, por ahí viene el cambio en el ánimo.

5. Tener un proyecto de vida coherente y realista

La vida necesita tener un programa integral en donde se hospeden los cuatro grandes argumentos: *amor, trabajo, cultura y amistad*. Y cada uno de ellos se abre y se expande en la riqueza de sus contenidos. *Amor y trabajo conjugan el verbo ser feliz*. Son los dos grandes argumentos que hay que cuidar con esmero de artesano. Y eso se nota en la persona que uno tiene delante. Decimos que la cara es el espejo del alma y decimos bien. A la cara se vienen los paisajes del alma y, cuando la vida personal tiene ese programa bien organizado en ella, se nota: ese alfabeto facial muestra gracias a sus distintas expresiones lo que hay detrás de la fachada. Luego está la exploración de ese programa y hay que ver cómo está funcionando.

En otro capítulo me referiré al amor siempre en relación con la madurez, que es el telón de fondo de este libro.

6. Ser independiente de la gente

Esto significa un cierto grado de libertad frente a los demás; es este un terreno algo incierto que aclararé en los siguientes cinco matices y que nos conducirán a alcanzar este objetivo.

— Hay que luchar porque cada vez afecte menos *el qué dirán*. No se le pueden poner puertas al campo, es imposible poder gustarle a todo el mundo y además son inevitables los comentarios, las críticas, los llamados «correveidiles» y cosas parecidas.

— Buscar la *naturalidad*. Lo que significa espontaneidad, sencillez, irse atreviendo a ser uno mismo, a sacar el sello y estilo propios sin ofender a nadie y, al mismo tiempo, no desvirtuar la propia forma de ser. La naturalidad es la aristocracia de la conducta y esto produce una alegría interior de gran calado. Cuando se avanza en esta dirección se experimenta un estado de paz interior, de serenidad, de estar a gusto con uno mismo.

— No buscar la aprobación de los demás. Uno mismo es el que aprueba o suspende su conducta; uno sabe aceptar correcciones y observaciones de nuestro comportamiento por parte de personas cercanas que nos conocen y nos quieren bien y nos ayudan comentando algo objetivamente negativo que han observado en nosotros. Pero, fuera de estas personas, una persona madura debe aprender a que no le importe esto, a no tenerlo en cuenta.

— *Aprender a quitarle importancia a cualquier fallo de la conducta personal, real o aparente.* A menudo esos fallos suelen ser agrandados, se magnifican bien por el momento que uno está atravesando, bien por las personas que han presenciado ese hecho. Madurez es saber *desdramatizar,* quitarle importancia, dividir por cuatro y pasar de largo esa posible metida de pata que muchas veces es más subjetiva que objetiva.

— Finalmente, he visto mucha gente en mi consulta que tiene estos cambios emocionales que aparecen *al compararse con otras personas.* A veces sucede de forma rápida, sin que uno sea consciente de ello. Toda comparación se hace casi siempre desde la superficie del otro no desde su profundidad. Se ve lo de fuera, lo que se enseña, lo que aparece con nitidez y de ahí puede venir la *envidia*, que no es otra cosa que tristeza ante el bien ajeno. La envidia la padecemos todos y la mejor manera de librarse de ella es la *emulación* que es el deseo de imitar cosas u acciones positivas y valiosas que vemos en otros para integrarlas en nuestra vida[6].

---

6. Eso son los llamados *modelos de identidad:* gente valiosa que vemos en nuestra cercanía o en el pasado y que descubrimos su grandeza, su calidad y lo que queremos es parecernos a ellos y tratamos de copiar su comportamiento.

Estos cinco apartados deben ser trabajados para que la persona sea más libre y suelta y se mueva sin emociones negativas que le hacen sentirse mal.

7. Tener un buen equilibrio entre corazón y cabeza

Estos son dos grandes ingredientes de la personalidad. Una persona madura sabe armonizar el mundo de los sentimientos y el de los instrumentos de la razón. Ni demasiado afectivo y sensible, ni demasiado frío y cerebral. *Saber interpretar bien la vida, las emociones y razones sanas, bien medidas, bien perfiladas.* Esto también depende de las diferentes circunstancias ya que, en unas ocasiones, debe tomar el mando la región afectiva y, en otras, es esencial que sea la razón la que lleve la voz cantante. Pero, fuera de esos momentos especialmente difíciles y complejos, hay que hacer que estos dos grandes bloques psicológicos estén bien compensados.

Debo decir también que todo depende del momento. Hay circunstancias en la vida en la que el guion debe ser predominantemente cerebral y, en consecuencia, hay que utilizar la lógica, el razonamiento explicativo y tener argumentos bien elaborados. En otras la voz cantante debe llevarla la afectividad, que, de ese modo, capta los registros sentimentales. Pas-

---

Hoy los modelos que suelen aparecer en casi todos los medios de comunicación son *modelos rotos*, con muy pocos valores humanos. Y esto va desde la televisión a las redes sociales pasando por las llamadas revistas del corazón o los suplementos dominicales de los periódicos de papel. Las cosas están así ahora.

cal nos recuerda en una célebre sentencia: «El corazón tiene razones que la razón desconoce». Tenemos que saber que a veces los sentimientos nos desbordan, oprimen, ahogan, zarandean, nos llevan de acá para allá y es menester recurrir a los instrumentos de la inteligencia para saber encauzarlos e interpretar los hechos que nos suceden de forma más madura y equilibrada. Luis Vives hablaba de los «alborotos anímicos». Saber distinguir lo que es el paisaje de un valle y lo que yo siento al contemplarlo, captar la diferencia entre lo que es el mar y lo que yo experimento cuando me siento frente a él. *El hombre es un animal de distancias afectivas:* ver y vernos desde el patio de butacas; saber cómo funciona nuestra mente y cómo reacciona nuestro mundo afectivo es un trabajo de enorme importancia. Tipificar el catálogo de los sentimientos personales nos hace maduros en lo afectivo.

8. Tener una buena educación de la voluntad

Muchos pacientes son chicos jóvenes que me preguntan: «Doctor Rojas, ¿con la voluntad se nace o la voluntad se hace?». La respuesta está clara: la voluntad no viene con la genética, sino que es algo que uno trabaja poco a poco hasta irla adquiriendo. *La voluntad es la capacidad para ponerse unos objetivos concretos e irlos alcanzando gradualmente.* Se convierte así en una segunda naturaleza[7]. No

7. Remito al lector a la 9.ª lección de este libro, *La educación de la voluntad,* en donde desarrollo más ampliamente la importancia de esta herramienta. No hay voluntad sin esfuerzos prolongados y sin resultados a corto plazo.

hago lo que me apetece ni lo que me pide el cuerpo, sino lo que es mejor para mí. La costumbre de vencerme en lo pequeño: esta sería la formula. Son como ejercicios repetidos de disciplina deportiva en los que uno sacrifica lo inmediato por lo mediato, lo cercano por lo lejano. Y esto solo se puede hacer si hay *motivación:* algo que mueve, que empuja, que arrastra hacia ese objetivo que queremos alcanzar, que nos ayuda a crecer como persona pero que es costoso. *Una persona con voluntad llega en la vida más lejos que una persona inteligente.* Y, por el contrario, una persona sin voluntad está a merced de los caprichos del momento, siguiendo lo que pudiéramos llamar *la filosofía del me apetece.* Tener una voluntad fuerte es uno de los indicadores más rotundos de madurez personal.

La voluntad es la joya de la corona de la conducta. El que la tiene puede conseguir que sus sueños se hagan realidad si sabe ser constante. Cuando esta ha sido trabajada a fondo, trae consigo otra serie de manifestaciones: buena tolerancia a las frustraciones, fuerza suficiente para crecerse ante las adversidades, ser buen perdedor, saber lo importante que es volver a empezar, optimismo que no se dobla ante los problemas y, por supuesto, una alegría de fondo que penetra en toda la persona[8].

---

8. Remito al libro de Peter H. Lindsay y Donald A. Norman, *Introducción a la Psicología cognitiva,* Tecnos, Madrid, 2003. Es especialmente interesante el apartado dedicado al aprendizaje, pág. 576 y ss. Hay modalidades diferentes: aprendizaje por imitación, por contraste, por vivencias históricas personales, por refuerzos positivos, por experimentación...

La voluntad se educa y también sus diversos mecanismos para meterla en la ingeniería de la conducta de uno mismo.

9. Tener sentido del humor

Es la capacidad para reírse uno de uno mismo, poner una nota divertida que permita ver el lado positivo de lo que a uno le ha sucedido. El sentido del humor es patrimonio de los inteligentes y de las personas flexibles, tolerantes, poco rígidas. Es una atmósfera psicológica que envuelve a ese sujeto y que va a tener unas consecuencias muy sanas: le ayudará a no hundirse cuando las cosas personales se tuerzan, salgan mal o escojan un camino inesperado y negativo según lo que uno pensaba.

10. Tener criterios morales y éticos estables

La *moral* es el arte de vivir con dignidad: el arte de usar de forma correcta la libertad; conocer y practicar lo que es bueno. La *ética* es la ciencia del comportamiento que busca la excelencia, lo más elevado para el ser humano y que mira por el bien de los demás, a que tratemos a los demás como nos gustaría ser tratados. Por eso la persona madura no sigue la moda del momento y lucha contra esos males que se han ido colando en los últimos años en Occidente: *hedonismo, consumismo, permisividad, relativismo e individualismo:* esta pentalogía deja a la persona sin referente y sin remitente, perdido de sí mismo, girando en torno a unos valores insustanciales que dejan a ese ser humano vacío de contenidos sólidos y positivos.

Por eso la educación es una tarea tan decisiva. Educar es convertir a alguien en persona; es acompañar con criterio; es predicar con el ejemplo. Educar es seducir por encantamiento y ejemplaridad con la alegría como telón de fondo[9].

9. Los hijos se convierten para los padres, según la educación que se le haya dado, en una *recompensa* o en una *desgracia*. La educación es la base sobre la que se edifica una persona.

lección 2.ª

La exploración de los sentimientos*

¿Qué son los sentimientos?

Los sentimientos son la forma habitual de vivir la afectividad. Son su cauce más frecuente. Y su definición voy a dejarla así: *son estados subjetivos, difusos, que tienen una tonalidad grata o molesta desencadenados por estímulos externos o internos*. Voy a explicarlo de forma descriptiva.

— Por *estado subjetivo* debemos entender que la experiencia es interior y que, en consecuencia, es uno mismo el que la percibe desde su intimidad, el territorio donde desfilan todas las vivencias que cada uno percibe de forma singular. Una derrota, un fracaso, un logro conseguido después de esfuerzos repetidos van a tener una tonalidad que depende finalmente de ese

* Conferencia pronunciada en la Universidad Anahuac del Norte, Ciudad de México, el 5 de diciembre de 2017.

sujeto, está bajo el prisma de su interpretación. Escuchar un concierto de Beethoven, de Mozart o de Tchaikovsky a uno le puede poner melancólico y a otro producirle una enorme paz interior.

— *Difuso* quiere decir que aquello que percibimos tiene un cierto fondo etéreo, desdibujado, impreciso, poco nítido, de perfiles borrosos. Una persona que está llena de alegría por algo bueno que le ha sucedido a menudo dice que no encuentra palabras para expresar lo que siente. Lo mismo sucede con la tristeza o con una crisis de ansiedad, que es complicado explicar lo que uno está sintiendo. Los psiquiatras y los psicólogos buceamos en eso y tratamos de captar lo que hay en el fondo de ese sentimiento concreto.

— La *tonalidad es grata o molesta, positiva o negativa.* Lo que nos dice es que no existen sentimientos neutros en sentido estricto. Pensemos en el aburrimiento, que está muy cerca de la melancolía, o en la indiferencia, que está próxima al rechazo. Un paisaje me gusta o me desagrada. Una persona que conozco me cae bien o mal, me gusta estar con ella o prefiero no verla. Todos forman *pares antinómicos:* alegría-tristeza, placer-displacer, excitación-tranquilidad, tensión-relajación, aproximación-rechazo.

— Su origen es complejo pero puede resumirse en que *son desencadenados por impulsos o incitaciones que vienen de fuera o de dentro*. Desde el exterior, la gama de cosas que pueden producirlos es el cuento de nunca acabar (pueden ser estímulos físicos, psicológicos, sociales, culturales y espirituales y cada uno de ellos tiene una enorme riqueza y a la vez están interconectados con los otros). Pensemos en el *enamoramiento:* uno se detiene en alguien que descubre como valioso, entonces se ponen en marcha una serie de factores que tienen que ver con la presencia externa de esa persona a la que vemos, escuchamos, contemplamos y nos sumergimos en ella. Todo viene inicialmente desde el exterior. Por el contrario, la otra posibilidad *viene de dentro:* uno se pone triste pensando en hechos pasados o futuros; se torna preocupado dándole vueltas en la cabeza a un problema personal al que no es fácil encontrar una solución adecuada. Otras veces los hechos pueden ser *mixtos,* que se den a la vez factores de ambas procedencias. Los psiquiatras y los psicólogos rastreamos los dos y tratamos de buscar el porqué de esos sentimientos.

La *depresión es la enfermedad de la tristeza:* en ella se alojan la apatía, la falta de ilusión, la melancolía, la pena, los sentimientos de culpa en relación con el pasado, el hundimiento psicológico. *La ansiedad es la enfermedad de las emociones negativas:* miedos anticipatorios, temores diversos, inquietud, desasosiego, verse uno envuelto en malos presagios. *El trastorno obsesivo es la enfermedad de las manías comprobatorias y de las dudas mentales:* estos pacientes se ven atrapados en conductas tontas que no pueden cortar (lavarse las manos muchas veces al día, comprobar luces, puertas y llaves, pensamientos intrusos que invaden su cabeza permanentemente y producen mucho sufrimiento psicológico).

Los sentimientos son la manera más frecuente de vivir los afectos de la vida ordinaria. Las *emociones* son estados de ánimo más breves e intensos que siempre se acompañan de un componente somático: pellizco gástrico, dificultad respiratoria, opresión precordial, molestias digestivas dispersas, etc. El sentimiento es más duradero y casi no hay síntomas corporales, no tienen una nota súbita o imprevista, tienen una instalación más firme.

Los sentimientos son bloques informativos de la afectividad. Nos traen una mensajería concreta que, como he comentado antes, es *pentadimensional:* es física, psicológica [1], social, cultural y espiritual. Por tanto, los sentimientos son un lenguaje que nos da el estado de cuentas general de nuestra afectividad. Los sentimientos son un balance psicológico que miden el *haber* y el *debe* de nuestro universo emocional, en el que se barajan partidas muy distintas. Lo voy a decir de un modo más cercano al mundo de la computadora: *los sentimientos son como un ordenador que evalúa la cuenta de resultados de cómo va nuestra afectividad, su vida y milagros*. Son el fondo de una forma de interpretación de la realidad que nos llega en forma de estado de ánimo.

---

1. Esta tiene dos planos: de *conducta y cognitivo*. La primera se puede observar a través del comportamiento y esto se mide de forma clara.

La segunda consiste en el modo de procesar la información que nos llega. La forma de interpretar la realidad y cómo valoramos los hechos que nos suceden.

La conducta es más precisa y objetiva; lo cognitivo es más impreciso y subjetivo.

Presentimiento y resentimiento

Llegados a este punto quiero explicar dos conceptos que se mueven en este entorno. El primero es el *presentimiento,* el estado de ánimo en el cual se presagia lo que va a su suceder, es una especie de sospecha, de barrunto de que aquello que estamos pensando va a producirse. Está cerca de la *intuición,* palabra que viene del latín, *intueri* «ver directamente». Esto es cercano al mundo de la parapsicología y es la facultad para adelantarse a los acontecimientos que van a suceder, que están por llegar. Científicamente no se ha demostrado que sea debido a una forma especial de inteligencia.

El segundo es el *resentimiento,* el estado de ánimo de pesadumbre debido a una herida o sufrimiento padecido que ha significado un impacto no superado y que está ahí, actuando de forma negativa y que significa literalmente *«sentirse dolido y no olvidar».* Este paisaje está habitado por el rencor. Hay dos modalidades: una que está dentro de los límites normales y que ha sucedido en situaciones de abuso de poder, en el que una persona ha sido maltratada objetivamente con intención de hundirla y ha sido injusta, arbitraria, caprichosa, injustificada como consecuencia de un abuso de poder. Se trata de un atropello vejatorio producido por un cínico, ese dolor es justificado y la reacción está dentro de los límites normales. En ese caso, la venganza pide paso y asoma una y otra vez buscando el momento oportuno para devolver esa ofensa de la manera más adecuada, aunque el tiempo cura todas las heridas y el paso de los años puede suavizar ese dolor psicológico. Este es el *resentimiento normal.*

La otra modalidad es el *resentimiento patológico*, que es enfermizo y que no arranca de situaciones claramente injustas ni es debido a algo real, objetivo, sino que sobre algún hecho negativo de mediana o escasa importancia esa persona deforma la percepción de la realidad y le da una importancia excesiva, extraordinaria... Lo que conduce a que ese tema se instale en la mente; no la abandona, de alguna manera mueve su conducta de modo más o menos negativo y la motiva contra ella de forma clara, enmascarada o intermitente. Aquí el recuerdo negativo cobra una enorme importancia y alimenta deseos de venganza que asoman más o menos claramente. Como digo, se metamorfosea la realidad de forma apasionada, los hechos se agrandan, se dilatan y la venganza se convierte en motor del comportamiento. La sed de revancha busca su momento. Lo opuesto es el *perdón*, que es la capacidad para renunciar a castigar y odiar a alguien que nos ha ofendido con cierta gravedad. Perdonar y olvidar forman un binomio clave, es un esfuerzo psicológico que implica un trabajo personal exigente que tiene mucho que ver con la generosidad y la grandeza personal. El que no perdona ni olvida corre el riesgo, a la larga, de convertirse en una persona agria, amargada, resentida, dolida y echada a perder.

Catálogo de los sentimientos que debemos conocer

El catálogo de los sentimientos sirve para clasificarlos, ordenarlos, sistematizarlos, tener claras sus procedencias y sus efectos. Y voy a trazar un listado de ellos, una pincelada que los estructure en pares opuestos: pasajeros y permanentes; superficiales y profundos; simples y complejos; motivados e inmotivados; positivos y negativos; noéticos y patéticos[2]; activos y pasivos; impulsivos y reflexivos; orientativos y cognitivos; fásicos y arrítmicos[3]; con predominio del pasado, del presente y del futuro.

Conocer cómo funcionan nuestros sentimientos es un modo muy acertado de conocernos mejor a nosotros mismos y saber explorar lo que nos sucede, sus oscilaciones, vaivenes y momentos sorprendentes. *La inteligencia debe pilotar a los sentimientos, enseñarles el mejor camino.* Y eso no es fácil porque la vida misma hace que nos apasionemos por algo y perdamos la perspectiva. Hay como una travesía entre el *factor desencadenante*, que es lo que los pone en marcha, aquello que actúa de entrada y que es lo primero que tenemos que reconocer. Después viene el siguiente paso, que es el *cambio afectivo* y que puede ser de tres estirpes *(sentimiento, emoción y pasión)* y más tarde llega la manifestación externa, que es la *conducta*. Son componentes sucesivos: *factor desencadenante – cambio afectivo – conducta.*

---

2. Los primeros tienen un contenido más intelectual y los segundos se centran en la afectividad y las pasiones.

3. Unos aparecen en forma de *fases o episodios recurrentes,* como sucede en las depresiones estacionales (más frecuentes en primavera). Los *arrítmicos* tienen una forma de presentación más caprichosa, van y vienen y no muestran una ordenada cronología.

Las *emociones* son estados afectivos que se presentan de forma más aguda y súbita, son más fugaces y tienen un correlato somático: taquicardia, sudoración, pellizco gástrico, dificultad respiratoria, opresión precordial, sequedad de boca, temblores en las extremidades superiores... Un malestar recorre el cuerpo de forma rápida e imprecisa que produce una inquietud que tiene muchos matices. Los ejemplos pueden ser positivos y negativos y van desde una gran noticia esperada largamente y que de pronto se hace realidad, pasando por un estado de ansiedad de gran intensidad o una reacción de descontrol psicológico. Hay un ejemplo clínico del que hoy se habla mucho: la *crisis de pánico,* que es un episodio recortado en el tiempo y que aparece de pronto como una tormenta de síntomas físicos acompañada de tres temores espectrales cuyo formato es: *temor a la muerte, temor a la locura y miedo a perder el control.* Los tres forman una trilogía de anticipaciones llenas de adversidad en donde la incertidumbre crea un malestar difícil de relatar. Las emociones modifican fuertemente la conducta.

Y la tercera vivencia afectiva que quiero destacar son las *pasiones,* que constituyen el estatuto intenso, devorador y vehemente de la afectividad y que hacen que la inteligencia se vaya a un tercer o cuarto plano. Son más intensas que las emociones y hacen que los instrumentos de la inteligencia se disuelvan. *En la pasión salen las tendencias más primarias, nos arrastran con su oleaje, perdemos la capacidad de argumentar y el pensamiento deja de ser lúcido y deforma la percepción de la realidad.* Son más frecuentes en la juventud[4]. Ser capaz de gobernar las pasiones es oficio y significa moderación al valorar las cosas que nos suceden y visión larga de los hechos personales. No es lo mismo un revés de fortuna económico, un fracaso profesional por no haber sido ayudado por los que deberían hacerlo o una infidelidad conyugal sangrante e inesperada. Todo eso está lleno de matices.

4. Cada edad tiene sus formas afectivas. En la adolescencia llevan la voz cantante las *emociones y las pasiones,* mientras que en la madurez lo hacen los *sentimientos y las ilusiones.*

lección 3.ª

La madurez de los sentimientos*

Se trata de entender qué es, en qué consiste y cómo debe funcionar la vida afectiva para que sea sana, madura, equilibrada, armónica, bien formada. El principal sentimiento de la vida es el amor. *Por el amor tiene sentido la vida.* El amor de la pareja tiene unas reglas y es menester conocerlas y, aunque no podemos hablar de forma estricta, rígida, es importante que tengamos las ideas claras para que el universo sentimental tenga una estructura sólida que lleve a tener una relación conyugal sin fecha de caducidad.

Los sentimientos son estados de ánimo, siempre subjetivos, interiores, que nos contactan con la realidad de forma positiva o negativa, nos acercan o nos distancian frente a esa persona o hecho que aparece ante nosotros. Los sentimientos se acompañan siempre de pensamientos[1]. Este es el decálogo:

---

* Conferencia pronunciada en el Weidenan Forum de la Universiad de Múnich el 15 de mayo de 2017.

1. Sugiero el libro de Marián Rojas-Estapé: *Cómo hacer que te pasen cosas buenas,* Espasa, Madrid, 2019. En él esta psiquiatra subraya cómo cual-

1. Saber qué es el amor

Tener unos conocimientos adecuados para saber gestionar bien la afectividad. *El amor es el primer argumento de la vida.* Lo que el ser humano necesita es amor. Esta es una palabra llena de muy distintos significados pero ahora nos vamos a referir a la relación afectiva de dos personas que se quieren y que desean compartir su vida. *El amor es un sentimiento positivo que lleva hacia otra persona que uno descubre como valiosa.* Es la necesidad de salir de uno mismo y encontrar a alguien para caminar juntos a lo largo de la existencia. *La palabra amor es polisémica*[2], *plasmándose en ella un conjunto de elementos diversos que forman un todo.* El amor es tendencia, inclinación, sentirse encaminado hacia alguien que uno descubre como positivo y valioso para uno mismo.

Todo debe empezar por *saber qué es realmente enamorarse.* Esto significa empezar la construcción del edificio poniendo bien los cimientos. Que la base sea sólida. Porque

---

quier sentimiento se acompaña de un pensamiento, es como su sombra. Los pensamientos negativos traen la tristeza y los pensamientos positivos nos tornan alegres. De ahí la importancia de aprender a controlar nuestros pensamientos. Ella nos da una serie de claves.

2. Palabra que proviene de *poli,* muchos, y *semia,* significados. Hay un amplísimo espectro de notas que se hospedan en su interior, aunque, para ser prácticos, me voy a ceñir a la relación humana, dejando de lado el amor a conceptos ideales (la belleza, el bien, la justicia, etc.), a formas de vida (en la ciudad, en el campo), a temas sociales (la democracia, el bien común), a épocas literarias (el Romanticismo, la Ilustración, la Revolución Industrial), a la pintura (a la realista, al impresionismo, a la pintura de vanguardia), a la familia, a los hermanos... a Dios.

hay muchas relaciones afectivas en las que se mueven otros elementos: deseo, amistad, necesidad, búsqueda de compañía, tendencia sexual... Tupida red de significados en la que la imprecisión está a la orden del día. Pues bien, debemos dejar claro qué es y en qué consiste ese hecho fascinante y universal del enamoramiento. *Para enamorarse hay tres condiciones* sine qua non: *admiración, atracción física y psicológica, y aspiración hacia un proyecto común.* Una pincelada de cada una de ellas.

La *admiración* consiste en el descubrimiento de unos valores que llaman poderosamente la atención y que van desde una cierta coherencia de vida hasta la capacidad para superar dificultades y problemas pasando por una cierta ejemplaridad y un largo etcétera. Es la capacidad para asombrarse ante otra persona que merece la pena, que nos abre un panorama nuevo y que empezamos a pensar en ella.

La *atracción física* se da con más fuerza en el hombre que en la mujer. En Occidente el hombre se enamora por la vista y la mujer por el oído. Aquí asoman dos segmentos complementarios: la *belleza exterior* y la *interior*. La primera es más accesible y se capta desde fuera. Se refleja especialmente en la cara, siendo ella la representante de la persona, ya que en la cara se encuentra a la persona. La belleza exterior consiste en una especie de armonía de sus rasgos, en donde los ojos y la boca tienen un papel decisivo. Luego viene el cuerpo como totalidad. La *belleza interior* necesita una labor de espeleología: mirar por debajo de las apariencias y ver qué hay allí. Ambas forman una totalidad.

Y en tercer lugar, a medida que pasan los días asoma, emerge, salta la posibilidad de diseñar *un proyecto en común:* esas dos personas quieren compartir la existencia con todo lo que eso significa.

En resumen: *enamorarse es pensar insistentemente en esa persona, tenerla en la cabeza. Enamorarse* es decirle a alguien: *«No entiendo la vida sin ti, eres parte fundamental de mi proyecto»*. En dos palabras: *«te necesito»*.

Caso clínico: adolescente enamorado de una mujer madura

Hablamos de un adolescente de dieciocho años que estudia primer curso de Farmacia. Va a una fiesta con unos amigos y en medio de la fiesta conoce a una mujer colombiana de treinta y seis años, separada, que vive con una hija de diecisiete años y que está allí porque colabora en la organización de esa fiesta. Al final de la misma este chico se queda charlando con otro grupo de jóvenes y esta mujer colombiana participa en el diálogo, que se prolonga hasta bien entrada la madrugada; finalmente él se queda hablando con ella, a solas, y están así un par de horas. Ella le pide su teléfono y al día siguiente quedan para salir. Durante una serie de días salen y a las cuatro o cinco semanas se van a vivir juntos.

Yo, como psiquiatra, entro en contacto con ellos porque la madre de este adolescente me llama por teléfono, necesita contarme lo que ha sucedido y me dice literalmente: «Él es hijo único y siempre ha sido un poco tímido, retraído, con pocos pero buenos amigos y como estudiante ha sido bueno. Quería estudiar Química, pero finalmente se ha decantado por Farmacia. Está contento y le gustan las materias que va estudiando. Estamos hundidos por lo que ha sucedido, él no ha tenido novia ni hasta ahora ha salido con ninguna chica y además nosotros le hemos dado una educación en valores religiosos, por eso no entendemos qué ha pasado».

Él estudia en una ciudad distinta de donde viven sus padres. Estaba en un colegio mayor universitario pero ahora vive con ella. Y continúan hablando sus padres: «Nosotros no podemos creer lo que ha pasado, no nos quiere coger el móvil, se ha ido del colegio mayor, se ha llevado sus cosas a la casa de ella. Queremos tener una conversación a fondo con él».

Me van contando los padres la secuencia de los hechos; finalmente han ido a verle y han hablado con él y su mensaje es este: «Estoy enamorado, simplemente eso. Ella es una mujer maravillosa y nunca había sentido nada así de especial; creo que lo que me ha pasado es la vida misma y el amor llega cuando menos lo esperas... Es mi oportunidad».

La madre ha necesitado tomar una medicación para frenar la enorme ansiedad que tiene y además le hemos pautado un inductor del sueño porque tiene un fuerte insomnio. Ellos me piden unas normas de conducta para saber cómo deben tratar a su hijo, pues, entre otras cosas, están desconcertados. Les digo que deben manifestarle su enorme disgusto, que están sufriendo mucho y cuando hablen por teléfono o él acceda a verles, mostrarle sequedad y lo que realmente están sintiendo.

Les pido el correo electrónico de su hijo, me comunico con él y acepta hablar conmigo por teléfono. Le digo que venga a la consulta un día para charlar los dos sin más compromiso. Acepta y estas son sus palabras: «Yo vengo a verle, pero le tengo que decir que yo no necesito un psiquiatra porque me encuentro muy bien, bueno, estoy mejor que nunca. Yo no sé por qué mis padres han reaccionado así, porque lo más bonito de esta vida es el amor y ella es una mujer que ha cambiado mi vida, soy otro, incluso mis compañeros de clase me dicen que ahora soy más abierto, que me comunico mejor y que me ven feliz». Yo le digo: «Lo que llama la atención son dos cosas. La primera es la diferencia de edad, ella te lleva dieciocho años, lo cual es mucha diferencia, pues tú eres un adolescente; y la segunda, que te vas a vivir con ella, al mes y pico de conocerla... Tienes que saber que la vida conyugal (en sus distintas fórmulas actuales) necesita una preparación y un conocimiento de lo que significa en el fondo y que, probablemente, la decisión más importante de la vida la tomas a las cinco o seis semanas de conocerla y pasas de estar soltero a estar llevando una vida en pareja. ¿No te parece que es una decisión sorprendente?».

Me responde así: «Yo no sé si es sorprendente o no, lo único que digo es que yo estoy enamorado y que esa mujer me ha llenado la vida de alegría, he descubierto con ella la sexualidad, me ha enseñado mucho en ese campo y estoy feliz, contento, pletórico y me da pena que mis padres no lo entiendan. Doctor Rojas yo le diría lo siguiente: lo importante es ser feliz, esa es la meta de la vida, y yo lo estoy».

Nuestra entrevista se prolongó en esa misma línea. Durante los meses siguientes seguí viendo a sus padres en consulta y me iban contando las relaciones telefónicas con su hijo. Pasado un tiempo me dicen ellos: «Doctor Rojas, ¿cuál es el pronóstico de esto? Usted tiene experiencia de casos más o menos similares... Nuestro hijo está perdido, ha dejado de ir a clase en la universidad y dice que estudia en la casa de esta mujer».

Mi respuesta fue esta: «Es un poco difícil dar un pronóstico pues el tema depende de muchos factores: él es un adolescente y ella una mujer madura en edad y todos sabemos que una de las cosas más complejas de esta vida es la convivencia porque es una auténtica prueba de fuego».

Durante muchos meses no tuve noticias de los padres. Al adolescente le envié algunos correos electrónicos y no respondió a ninguno. A los quince meses del inicio de los hechos me llaman los padres para contarme que su hijo les ha llamado por teléfono explicándoles que ella le ha echado de la casa, que la convivencia se hace insoportable y no sabe dónde quedarse a dormir.

A los pocos días vienen los padres a la consulta con su hijo, que no quería venir y que se resiste a hablar conmigo. Finalmente entran primero los padres y me hacen un resumen de lo sucedido. Luego hablo con él. Le parece bien que sus padres estén presentes en la entrevista y me dice: «Todo ha sido como un sueño maravilloso, pero yo no sabía que era tan difícil vivir con una persona, ella se quejaba de que yo no colaboraba en casa, que no aportaba dinero, he tenido algún choque fuerte con su hija (que vive con nosotros) y ella me ha llegado a insultar y me ha dicho cosas muy duras... Estoy muy confundido y afectado... Me he ido a vivir a piso con unos compañeros de la universidad, que me están ayudando...».

Le pregunto: «¿Sigues enamorado de ella?» y me responde: «No, me he desinflado por lo dura que ha estado conmigo... Es como si ella tuviera dos caras, una amable y otra, brutal... Estoy muy hundido, muy triste... Todo lo que me ha pasado últimamente con ella es muy triste».

Hemos empezado un *programa de conducta:* una serie de pautas para que vuelva a clase, que intente ponerse al día en algunas asignaturas y adquiera rutinas positivas y que aprenda la lección de todo lo que ha vivido. Y le termino diciendo: «Vas empezar de nuevo, poco a poco. Pero tienes que saber que tú tienes una *inmadurez sentimental* evidente, rotunda; no has sabido gestionar tu vida afectiva y te has dejado llevar por esos impulsos. La vida en pareja, matrimonio o relación conyugal, requiere mucha preparación para que funcione bien y además una decisión tan superimportante no se puede tomar así». Sigue en terapia con nosotros, le vemos cada dos semanas y está ubicándose e interpretando todo lo sucedido.

2. Saber que los sentimientos son perfectibles y defectibles

El amor es como un fuego, hay que alimentarlo a menudo a base de cosas pequeñas: troncos, astillas, palos finos y soplar sobre él. El cuidado sistemático de las cosas pequeñas va a hacer que el amor *no tenga fecha de caducidad.* Y lo contrario sucede con los inmaduros afectivos. El descuido de las cosas ordinarias es la ruina del amor. *Los sentimientos no son estáticos, sino dinámicos*: cambian, se refuerzan, mejoran, se adocenan, se difuminan... Pueden desaparecer dependiendo del cuidado que hayamos tenido con ellos.

Cuando hablamos de sentimientos entramos en un parque jurásico, en el polígono industrial de la afectividad, en la sala de máquinas de la intimidad y ellos nos dan el cómputo de cómo nos encontramos por dentro, íntimamente. Los sentimientos nos traen un balance de cómo nos sentimos y esto va desde lo físico a lo psicológico pasando por lo profesional, lo social y lo cultural. Por eso, cuando los psicólogos y los psiquiatras le preguntamos a alguien: *¿Cómo te encuentras?*, lo que hacemos es invitarle a hacer una contabilidad personal, una suma y compendio de cómo van sus cosas. Y este siempre tiene tonos bifrontes, pues es claro y oscuro, positivo y negativo, cálido y gélido, sólido y líquido, en buena línea y desdibujado... *En ese análisis subjetivo se barajan partidas muy distintas.*

Por eso el amor conyugal es tan rico, complejo y a la vez está lleno de matices. Y al ser un ente vivo es necesario cuidarlo, trabajarlo, estar pendiente de él.

3. No divinizar el amor

No hacer de la otra persona un ser maravilloso, extraordinario... ya que la convivencia pone las cosas en su sitio al ser una de las cosas más complejas de la existencia humana. El amor es una tarea, un trabajo artesanal, una relación que se alimenta de esfuerzos personales concretos en donde aparecen enseguida dos cosas: *el arte de ceder,* por un lado, y *saber perdonar*. Dyer lo dice en *Tus zonas erróneas* con gran claridad[3] y la idea es esta: *para estar bien con alguien, hace faltar estar primero bien con uno mismo*. El amor es humano y divino, está hecho de corazón y cabeza, de mar y tierra. No olvidemos que el amor nos hace libres y esclavos, ya lo decía la mitología griega[4].

En el imaginario colectivo la palabra amor está magnificada y se la define como algo maravilloso, extraordinario, sin reparar en que esa concepción no es adecuada. Pues, al principio, el amor humano es así, pero después se va haciendo más laborioso[5].

4. No convertir a la otra persona en absoluto

Es normal que en el curso del enamoramiento la otra persona brille con luz propia. A esto le llamó Ortega y Gasset

---

3. Veamos lo que se recoge en el capítulo 2, «El primer amor», en donde encontramos lo siguiente. «Si dependes de los demás para valorarte, esta valorización estará hecha por los demás... El amor es la capacidad y buena disposición para permitir que los seres queridos sean lo que ellos elijan para sí mismos... amándote a ti mismo, sintiendo que eres importante y que vales mucho. Si estás seguro de ti mismo y tienes confianza en lo que piensas no querrás ni necesitarás que los demás sean como tú. La cosa empieza a armarse. Logras amarte a ti mismo y de pronto eres capaz de amar a los demás y de hacer cosas por los demás...».

4. Decían ellos que el amor era hijo de Penia y de Poros, de la riqueza y de la pobreza. Nos hace ricos y pobres.

5. Se pasa de lo *carismático* a lo *institucional*. Esa travesía pone de relieve que el mejor amor hay que trabajarlo con artesanía psicológica.

enfermedad de la atención; Stendhal, *cristalización* o tendencia a idealizar al otro; Francesco Alberoni, *estado naciente;* Marcel Proust, *la raíz y el motor de toda la vida*; y Pieper lo expresa de esta manera: «*Qué bueno que tu existas para mí*».

Madurez afectiva es conocer al otro en sus valores y en sus defectos. Saber cómo es de verdad. Y eso necesita tiempo y capacidad para discriminar y distinguir lo accesorio de lo fundamental. Después del primer deslumbramiento, que eso es el proceso del enamoramiento, viene la operación de valorar al otro como realmente es y no elevarlo tanto de nivel, ya que eso luego no coincide con la realidad de la convivencia del día a día.

5. Saber dar y recibir amor

Los sentimientos son un camino de ida y vuelta. Entregarse al otro, darse a fondo y a la vez aceptar la donación de la otra persona con todos los matices que esto trae consigo. Darle a la otra persona lo que ella necesita, lo que quiere, lo que busca...Y saber pedir lo que uno busca.

Generalmente es más fácil recibirlo, dejar que el otro haga y tome la iniciativa y se dé. Darlo requiere un esfuerzo, sobre todo a medida que pasa el tiempo y el amor se establece, se hace causa común. Es sencillo enamorarse y es bastante complejo mantenerse enamorado. En eso consiste la madurez sentimental: saber cuidar, mantener y vitalizar el amor para evitar *el gran enemigo, la monotonía,* que se lo puede llevar todo por delante[6].

6. Ser capaz de elaborar un proyecto común

Se trata de un programa de vida en donde los intereses de uno se cruzan con los del otro y forman un tejido conjuntivo en el cual *cada uno busca el bien del otro.* La felicidad personal hace priorizar al otro para que esté a gusto, se sienta bien y se vea tratado de forma especial, con la delicadeza propia de los que tienen categoría personal y modales. Cuando los dos trabajan fuera de casa, lo cual es hoy muy frecuente, es fundamental que cada uno se implique y viva de cerca el trabajo profesional del otro, ayudándole a estar al día y poner todos los medios para seguir una trayectoria ascendente, superando las dificultades y reveses propios de cada actividad. En las parejas que no funcionan bien se puede observar cómo ambos van teniendo vidas paralelas en donde cada uno sigue su línea sin cruzarse con los intereses del otro.

7. Tener una buena comunicación

Esta tiene varias notas clave. En primer lugar, el *lenguaje verbal,* saber dialogar, que siempre exista la posibilidad

---

6. Dice André Maurois en su libro *Sentimientos y costumbres,* Tecnos, Madrid, 2001, que se reunieron las principales pasiones negativas para destruir el amor: el rencor, el odio, la envidia, etc., y no podían con él. Pero apareció de forma sigilosa, casi sin darnos cuenta, la monotonía... y esa sí pudo.

de hablar, de tener una relación fluida, sabiendo esquivar y sortear los problemas que vayan surgiendo. En segundo lugar, el *lenguaje no verbal,* hecho de gestos, maneras y estilos pero sin palabras; el lenguaje no verbal es complicidad, una especie de diálogo *sui generis* que llega a formar un vocabulario privado que tiene una enorme fuerza y que hace más sólida esa pareja. Y en tercer lugar, el *lenguaje subliminal,* que se mueve entre los dos anteriores en una frontera borrosa, huidiza, desdibujada, imprecisa.

Después asoman otros que si se practican le dan a la pareja una solidez enorme. Me referiré a ellos de pasada, solo mencionarlos. El *lenguaje epistolar,* escribir unas líneas para dar las gracias, pedir perdón, deshacer un malentendido, etc.; esto ya es para nota y cuando se practica tiene unos efectos muy beneficiosos. También es bueno cultivar el *lenguaje de las celebraciones,* festejar el aniversario de boda, el santo, el cumpleaños y fechas familiares que son cifras de enamorados que cuidan los detalles pequeños. Luego está el *lenguaje de la sorpresa positiva* con el otro, organizar un plan imprevisto y agradable que rompe los días o las semanas demasiado iguales y que son como una ventana de aire fresco en la vida en común; aquí hay iniciativa y generosidad.

Caso clínico: el desencanto en la pareja

Estamos ante una pareja que lleva casada dieciséis años, ella tiene cuarenta y dos y él cuarenta y ocho. Clase media alta. Ella trabaja en una financiera y tiene un salario que es casi el doble del de su marido. Él es agente de seguros. Llevan más de un año en que la relación se ha deteriorado. No han podido tener hijos. Viene él a la consulta y nos dice lo siguiente: «Estoy aquí porque me ha insistido mi mujer, pues desde que le he dicho que quiero separarme me dice que soy un maltratador que no tengo sentimientos y que soy lo peor».

Y continúa su relato: «Hace ya mucho tiempo que me he enfriado hacia ella, no la admiro, no hay comunicación, cada vez compartimos menos cosas, no me atrae. Desde hace tiempo he intentado decírselo de una u otra manera, pero o no me he explicado bien, o ella no se ha querido enterar. Lo nuestro es una relación de conveniencia, cara a su familia y a la gente que nos conoce... pero todo se ha enfriado».

Él se define: «Soy una persona bastante racional, me gusta llevar un orden de vida y quiero seguir mejorando en mi trabajo y en todo lo que de ahí se deriva, pero veo mi matrimonio muerto, sin vida. Hace un año que me he dado cuenta de esto y tal cual se lo he dicho a mi mujer. Ella ha reaccionado contra mí diciéndome de todo, que soy egoísta, frío, sin sentimientos, que no pienso en ella... Este es el panorama, Doctor Rojas, y estoy aquí más por ella que por mí mismo».

Más adelante hemos citado a su mujer y ella nos dice lo siguiente: «Hemos sido un matrimonio que ha funcionado y que como cualquier pareja hemos tenido nuestros altos y bajos, pero yo creo que el fondo ha sido bueno. Mi marido es muy analítico y negativo y yo no me resisto a que esto termine así, quiero hacer lo que sea para arreglarlo a pesar de que mi marido dice que ya es tarde».

El conflicto sentimental es grave. Deberían haber buscado ayuda antes. Aun así les he pedido a cada uno de ellos lo que llamamos nosotros un *rastreo psicológico*, que son una serie de preguntas concretas hechas con el fin de ver lo que dice cada uno de ellos por escrito, bien pensado, de cara a un posible acercamiento a pesar de todo.

— Principales áreas de conflicto entre nosotros clasificadas de más a menos importantes.
— ¿Qué le *quitaría* a la forma de ser de mi cónyuge y qué le *añadiría* para mejorar nuestra relación de pareja? (En lenguaje muy concreto).
— ¿Qué me *quitaría* y qué me *añadiría* a mí mismo para que vaya a mejor nuestra relación? (También utilizando cosas muy concretas).
— Información complementaria: cosas de importancia o de cierto relieve, para que el Doctor Rojas y su equipo me conozcan mejor.

Iniciamos una *terapia de pareja* a pesar de que él no estaba muy dispuesto. Lo cierto es que ella le pidió perdón delante de mí e hizo un recuento de anécdotas negativas y momentos en los que ella había fallado. Les propuse tres objetivos compartidos:

a) Saber perdonar errores anteriores (y no sacar la lista de reproches del pasado).

b) Empezar a compartir algunas actividades semanales: volver a practicar deporte juntos, ir con amigos comunes, tener más diálogo positivo.
c) Tener un acercamiento físico gradual, sin llegar a relaciones sexuales, sabiendo que en ese terreno hay que ir poco a poco.
d) Acudir a los amigos de siempre para que estemos más cerca y también nos ayuden en ese sentido.

En la actualidad, la relación entre ellos ha mejorado mucho y él ha girado en su interpretación tan negativa de la realidad.

8. Conocer la metodología del amor

El amor necesita de una serie de componentes que son fundamentales y que hay que conocer y poner en práctica. Las claves para mantenerse junto a alguien son cuatro: *sentimientos, inteligencia, voluntad y espiritualidad*. Hay más, pero estos cuatro llevan la batuta[7].

Los *sentimientos*. Saber conducirlos hacia lo mejor. El amor es, de entrada, un acontecimiento afectivo que necesita de los otros tres ingredientes pero sabiendo de la plasticidad de ellos: se mueven, suben, bajan, retroceden, avan-

---

7. Sería pobre quedarnos solo en estos cuatro: añadiría, solo para mencionarlos: saber cultivar aficiones comunes, capacidad para sobreponerse a dificultades de dentro y de fuera, sentido del humor, no convertir problemas reales en algo que se magnifique, altura de miras, etc.

zan, se detienen y obsesionan con algo; por eso es tan importante conocerlos, para ser gobernador de ellos.

La *inteligencia* es la capacidad de síntesis. Quedarse con lo esencial, captar la realidad en toda su extensión y matices. *Saber llevar al otro*. Esta expresión es muy española y se resume así: *saber llevar*. La podemos encuadrar dentro de la geografía de la inteligencia emocional, arte y oficio y un modo aprendido y trabajado con esmero y disciplina. Los instrumentos de la razón y las herramientas de la afectividad forman un binomio que actúa con soltura y le da al mundo de los sentimientos un estilo positivo, en donde ambos ingredientes se combinan según los momentos y así conseguir actuaciones sanas, equilibradas, bien ajustadas a la realidad.

La *voluntad* es la capacidad de que uno se ponga pequeños objetivos y luchar por irlos alcanzando. *En el amor maduro, la voluntad está en primer plano, pronta a actuar*. Y lo hace puliendo, limando, corrigiendo las aristas de cada uno para facilitar la relación con el otro. Lo he dicho muchas veces: *la voluntad es más importante que la inteligencia*. Lo diría de una forma más rotunda: *la voluntad es la determinación de trabajar el amor elegido y protegerlo de otros posibles afectos que puedan aparecer.* Cuidarlo de vientos exteriores, de novedades afectivas que aparecen y que es menester mantener en la línea trazada. La voluntad es un componente esencial en el amor maduro[8] y consiste también en saber custodiar el amor que uno tiene.

---

8. En el amor maduro la voluntad tiene un papel decisivo. En el amor inmaduro la voluntad es muy débil o brilla por su ausencia.

Y, finalmente, la *espiritualidad.* Que el amor tenga una dimensión trascendente le da verticalidad, sentido sobrenatural y que va a ser un cemento de unión fuerte. En las parejas con una formación espiritual-religiosa está estadísticamente demostrado que hay muchas menos rupturas. De esto hablaré más adelante, pero quiero dejarlo aquí apuntado para cerrar esa tetralogía.

9. Tener una sexualidad positiva

La sexualidad es un lenguaje del amor comprometido. El amor tiene una parte física que es importante cuidar, es la parcela corporal del amor. La sexualidad se hace grande cuando se acompaña de una comunicación profunda, centrada en la ternura y que culmina en la donación total. Cuando se juntan dos cuerpos lo que realmente sucede es la entrega física, psicológica, espiritual y biográfica. *La sexualidad debe ser una gran sinfonía en donde esta tetralogía se funde en un hecho grande y hermoso: lo corporal, la psicología, la dimensión espiritual y las historias personales enlazadas.*

El acto sexual sin amor es *una relación cuerpo a cuerpo.* La sexualidad con amor auténtico es *una relación de persona a persona* que ayuda a cada uno a crecer como ser humano. Hay un proyecto común, un compromiso, un buscar la felicidad del otro. La sexualidad debe cuidarse con esmero, evitando la monotonía, la dejadez, la ausencia de ternura o la pérdida de la calidad que allí debe darse. *En la sexualidad conyugal hay también un alto porcentaje de artesanía psicológica.* No olvidemos que el hombre es más primario, busca un contacto fundamentalmente sexual, mientras que la mujer busca más la afectividad, dando primacía a lo emotivo y a sus detalles.

10. Gobernar los sentimientos

Existen herramientas que bien utilizadas nos ayudan a dirigirlos de forma adecuada y, aunque esto hoy en día no está de moda o no se lleva, es importante subrayarlo. Los sentimientos no pueden ser considerados como viento impetuoso difícil de controlar y quien piense de esta manera estará a merced de los torbellinos exteriores y de los caprichos del momento. A esto le podría llamar mejor la *tiranía del capricho:* esa persona es traída y llevada por un carrusel de novedades afectivas, por el deseo fugaz, el antojo, la veleidad circunstancial o el impulso por la atracción que produce otra persona. Pues bien, *todo eso puede ser gobernado por la inteligencia y la voluntad,* dos notas decisivas de nuestra psicología. La *inteligencia* es la nitidez de la razón que consiste en saber discernir, en utilizar bien los instrumentos de la razón, mirando por sobre elevación hacia la lejanía, teniendo visión de futuro. La *voluntad* lleva a dirigirse uno a lo mejor, aunque de entrada cueste. Inteligencia y voluntad tienen un papel clave en la consolidación del amor, sin ellos podemos ser un barco al pairo del viento del momento[9].

En los inmaduros sentimentales cuesta mucho entender este punto. Hoy podemos decir que en nuestra sociedad se ha producido *una cierta socialización de la inmadurez afectiva* que lleva a una cascada de rupturas de pareja porque falla la base del edificio conyugal. Pero también debo subrayar que una pareja que se ha enfriado o que está en crisis o que el amor se ha ido difuminando corre el riesgo de buscar una compensación afectiva y lo hace más o menos claramente; por tanto, es frecuente que aparezca otra persona que cubra ese *vacío afectivo*. De ahí a la ruptura solo hay unos cuantos pasos... Es muy significativo el alto índice de divorcios que se producen actualmente en el mundo occidental, epidemia que supera a las depresiones, el estrés o el sida. El binomio clave para entender este hecho lo constituyen la *permisividad y el relativismo* y, por supuesto, un conjunto de factores diversos que forman una constelación de ingredientes desencadenantes. Lo veremos en el capítulo siguiente. El siguiente caso clínico es muy ilustrativo al respecto.

Caso clínico: cuando se deja de proteger el amor elegido

Hablamos de un hombre de cincuenta y dos años. Periodista. Ha tenido puestos relevantes y es muy conocido.

---

9. Hoy esto es muy frecuente en nuestra sociedad. Lo he dicho y lo diré en las próximas páginas, de una o de otra forma: la epidemia de parejas rotas es un carrusel de noticias caleidoscópicas, en donde las revistas del corazón se encargan de traernos las últimas novedades de los famosos o de las personas conocidas, lo cual tiene un influjo muy fuerte a la hora de fomentar el cambio de pareja y a la vez quitarle importancia a ello, como si no pasara nada.

Se casa a los treinta y un años con una mujer muy guapa con la que ha tenido tres hijos; uno ya está casado y solteros los otros dos. Y copio literalmente lo que me va diciendo.

«Doctor Rojas, vengo a verle porque estoy sufriendo un momento muy especial en mi vida. Me casé muy enamorado de mi mujer, porque ella me lo dio todo y a su familia. Yo soy hijo de padres separados y he pasado mucho con eso, pues he visto llorar mucho a mi madre y pasar momentos de penurias económicas que hoy me resultan extrañas, pues mi situación financiera al día de hoy es más que buena, pero mi vida en pareja se ha vuelto cansina, monótona, hablamos solo de los problemas de los hijos, y en las relaciones sexuales todo se ha vuelto frío y pasan los meses sin casi tener relaciones».

Y continúa en primera persona: «Yo viajo mucho por razón de mi trabajo, he conocido a muchas mujeres y siempre he sabido moverme en mi mundo sin problemas, pero hace un año ha aparecido un mujer que me ha roto los esquemas. Se trata de una chica de veintiocho años, simpática, abierta, comunicativa, físicamente es muy atractiva y lo que en principio fueron unas coincidencias propias de nuestro trabajo se ha convertido en un vernos con frecuencia y pienso en ella, la tengo en mi mente... He perdido la cabeza... Yo no quiero hacerle daño a mi mujer ni a mis hijos, pero nunca he sentido por nadie algo parecido... Mi mujer se ha enterado del tema, yo lo he negado pero hay una serie de evidencias que me delatan... Estoy aturdido... Yo sé que no debo dejar a mi mujer, pero esta chica se ha metido a fondo en mi vida y no puedo dejar de verla y de hablar con ella».

Vuelve aquí la idea que he ido dejando en este capítulo, la de saber proteger los sentimientos elegidos y que cuando eso no sucede o se juega con ello el resultado suele ir por estos derroteros. El conflicto sentimental está servido en bandeja.

«He hablado con ella y nuestras conversaciones han sido durísimas, me ha dicho de todo... Yo le he contado la mitad de la mitad pero está claro que ella se ha enterado de que hay otra mujer en mi vida...Yo sé que he tenido muchas posibilidades con otras mujeres, pero lo de esta chica no lo había sentido nunca».

«Mi mujer me ha dicho que soy un ingrato, un egoísta, que soy un narcisista, que solo pienso en mí; me ha sacado una colección de cosas negativas del pasado que yo había olvidado y me ha dejado muy herido. La verdad es que finalmente nos hemos dicho de todo y yo le he echado en cara no acompañarme en mis viajes de aquí para allá y el distanciamiento en las relaciones sexuales».

Es un caso bastante característico, pero hay algo que quiero destacar y es una frase que él me ha repetido con insistencia: «Doctor Rojas le he dado muchas vueltas a lo que me ha sucedido pues yo nunca pensé que me pudiera pasar una cosa así, se lo digo de verdad, porque siempre me he mantenido en mi línea; no niego que haya coqueteado, pero eso me parece normal, sobre todo en mi profesión, pero lo que quiero decirle es que pienso que *lo importante es ser feliz, seguir los caminos del corazón,* esa es la idea que quiero transmitirle y saber cuál es su opinión en este sentido».

No saber proteger el amor elegido trae estas consecuencias. Y con respecto a esa idea que me ha repetido una y otra vez, *«porque lo importante es ser feliz; si yo soy feliz eso es lo que debo seguir»*, le he respondido que lo importante es luchar por ser coherente, porque exista una buena relación entre lo que uno dice y lo que uno hace. Esa pretensión tiene grandeza y, a la vez, esfuerzo por mantener una relación que crece a base de detalles pequeños y de estar pendiente de la otra persona. Le digo que *ponerse en riesgo de encontrar otra mujer antes o después eso se produce, pues cualquier relación hombre-mujer, con el paso del tiempo, tiene un cierto deterioro, normal, habitual.*

He hablado mucho con él. Hemos tenido sesiones de psicoterapia muy intensas en las que él ha reconocido errores, descuidos de la vida afectiva diaria, despreocupación de los hijos... Él ha aceptado que en los últimos años ha sido *un padre ausente*. He tenido una reunión con su mujer y sus tres hijos muy reveladora y que ha abierto un panorama enorme.

Por otra parte, la otra chica le ha pedido que se separe de su mujer porque ella no puede esperar, y ahí ha estado otro punto clave, esa presión a la larga ha sido determinante, así como el reconocimiento por parte de él de sus errores y de ella de sus limitaciones en la comunicación con él. He realizado con ambos un *programa de terapia de pareja* que ha ido surtiendo un efecto positivo, lo que en principio parecía imposible: la relación se ha reconstruido. Él le ha pedido perdón a ella. Ha sido una situación realmente fuerte en donde uno y otro se han reencontrado meses más tarde de destaparse el tema y él ha ido dejando y olvidando a la otra chica. Han sido muchos factores los que se han dado en este caso, unos y otros han colaborado en la reconciliación.

lección 4.ª

La educación sexual en una sociedad permisiva y relativista*

¿Qué es educar?

Educar es convertir a alguien en persona libre, independiente y con criterio. Sus dos principales etimologías latinas nos ponen frente a este concepto: *educare,* acompañar, conducir; y *educere,* extraer, sacar fuera. Es formar personas, acompañarlas e intentar sacar lo mejor que llevan dentro. La primera etimología es más dinámica y subraya un ir paso a paso avanzando hacia una meta. La segunda se refiere más a los resultados y a poner al descubierto las posibilidades y aptitudes. *Educar es promover el desarrollo integral de una persona, trabajando cada una de sus dimensiones: física, psicológica, social, cultural y espiritual sin escamotear ninguna de ellas.* Las palabras claves son *desarrollo integral.* Esto va a repercutir en el propio individuo, por su-

* Conferencia pronunciada en la Facultad de Psicología de la Universidad Austral de Buenos Aires el 13 de julio de 2017.

puesto, es la esencia, pero igualmente va a colaborar en la transformación de la sociedad. Y ahí se dan cita muchas cosas.

Educar es seducir con los valores que no pasan de moda, que tienen siempre vigencia. Es seducir por encantamiento y ejemplaridad. Es cautivar con argumentos positivos. Educar es entusiasmar con los valores y enseñarle a alguien a liberarle de tirones momentáneos e inmediatos y mostrarle otros más lejanos, mediatos y consistentes. Es comunicar conocimientos y promover actitudes. Debemos distinguir bien entre dos conceptos que se arremolinan a su alrededor: *información* y *formación.* El primero significa saber lo que está pasando en nuestro entorno más cercano y lo que sucede en el mundo actual, eso son noticias y hechos que nos llegan desde la prensa escrita *online* y los noticieros de las distintas televisiones. La información es importante, pero menos; hay mucha gente muy informada que no sabe a qué a tenerse. Por el contrario, *formación* es tener ideas claras sobre los grandes temas que importan al ser humano y que dan criterio, saber a qué atenerse, conocer la realidad y tener una conducta que está por encima de las modas. *La formación es más superficial, la formación es más profunda y ayuda a pilotar la propia trayectoria.*

Educar no es enseñar Matemáticas o Lengua y Literatura, o Historia de España o Universal, o Biología, sino preparar a una persona para vivir la historia personal de la mejor manera posible, teniendo un fundamento sólido en tiempos líquidos, como los que estamos viviendo en este momento actual. Los ángulos desde los que se puede decir lo que es la educación son muchos. Porque son reglas de urbanidad y de convivencia, pero es mucho más que eso. *Educar es enseñar a pensar; la cultura es enseñar a vivir.* La educación es la casa donde uno habita, la cultura es la decoración. Lo primero es tener bien asentadas las bases, lo segundo tener bien amueblados los conceptos que nos ayudan a vivir. Hay una zona fronteriza entre la educación y la cultura, aunque cada una tiene su propio territorio y perímetro.

Educar es introducir en la realidad con amor y conocimiento; descubrir sus significados e irse uno encontrando a sí mismo. Es un quehacer sutil y delicado que lleva a ordenar la realidad. Como he dicho antes, *la verdadera educación debe ser integral,* abrirse a las principales facetas de la existencia humana y de ese modo cualquier oficio o tarea se vuelve filosofía, se convierte en arte, innovación, creatividad. En cada uno existe un santuario interior que hay que descubrir y explotar. Por eso es tan importante la figura del *educador*, que ayuda a llevar todo eso a cabo[1]. La minoría ejemplar será siempre decisiva, ejercerá una autoridad sólida a la que algunos se acercarán.

La educación empieza por la personalidad: ayudar a conocerse a sí mismo, saber las aptitudes y limitaciones, tener claros los principales puntos de nuestra forma de ser. Aquí la ayuda de los padres en los comienzos es clave: *los padres son el primer referente y por eso no pueden pretender que*

---

1. Nuestra sociedad necesita *más testigos que maestros.* El maestro enseña lecciones que no vienen en los libros. *El testigo es un ejemplo vivo y atractivo de coherencia, que arrastra a ser imitado.*

sus hijos practiquen cosas que ellos no hacen. Se ha dicho que el mejor predicador es el buen ejemplo. La educación debe ser personalizada, actúa según el estilo de cada sujeto y es una labor minuciosa, lenta, progresiva; hay que ir elaborando un estilo de personalidad concreto respetando la libertad pero orientándola hacia lo mejor.

Antes la educación la proporcionaban la familia, la escuela, la pandilla y los medios de comunicación. Hoy el orden se ha invertido: las redes sociales, Internet, la pandilla... y la familia asoma casi al final. Los resultados de este cambio ya los podemos observar hoy. Los cuatro educadores o agentes de la educación fabrican una nueva mentalidad. Esto lo vamos a ver enseguida en el tema de la sexualidad.

La cultura es la estética de la inteligencia

La cultura es un esfuerzo por hacer frente al misterio de la vida y al destino del hombre. *La cultura es buscar respuestas esenciales y es la llave para interpretar la realidad de la mejor manera posible.* La cultura enseña a caminar hacia una meta verdaderamente digna. Por eso *la cultura es libertad.* Es el privilegio del conocimiento vivido. La memoria del tiempo, lo que queda después de olvidar lo aprendido. Depósito gigantesco de creatividad humana (arte, literatura, música, etc.), es el espesor del conocimiento, los pulmones llenos de un aire rico, fértil, frondoso. La cultura se constituye como un conocimiento *teórico* y *práctico* que ayuda a salir adelante y a no perecer ante los mil y un avatares de la vida y, también, del aluvión de informaciones y noticias que nos llegan de aquí y de allá como un bombardeo sin fin. La cultura ayuda a cribar todo eso, a saber distinguir el trigo de la paja.

La cultura es la artesanía del conocimiento, un saber de cinco estrellas, que humaniza al hombre y lo mejora. La cultura ofrece promesas que luego se cumplen y de su mano vienen la *ética* y la *estética:* las normas de conducta que debe tener el hombre y la belleza en sus distintas formas. *La cultura es la aristocracia del espíritu* y tiene en la lectura una ventana decisiva, su buque insignia. La lectura sigue siendo en esta falda del siglo XXI una actividad a la que solo acceden los más libres, los atrevidos, los insatisfechos de lo que hace ruido sin llenarnos de verdad[2].

La lectura es una elección muy personal que debe ser entendida como el acceso a una cierta vida superior. Asomarse a un libro es abrir una ventana de aire fresco, una rebeldía contra la atmósfera un poco hueca de los medios de comunicación dedicados a entretener a mucha gente. Fomentar la lectura desde la pubertad y la adolescencia es una tarea primero familiar, más tarde de la escuela y, por supuesto, de la universidad; pero todo debe empezar en el seno de la familia, que es donde ese hábito va a tener más

2. Está pasando el influjo de la televisión. Hoy las redes sociales e Internet lo llenan casi todo. Los que están muy pegados a estas dos, en general, si no tienen otros canales de conocimiento, no tendrán cultura. Es el sujeto masa, impersonal, traído y llevado y tiranizado por lo que se dice, se oye y está de moda.

fuerza. *Cultura y lectura forman un tándem fundamental.* Por eso la persona cultivada en la lectura y que sabe seleccionarla y dirigirla va a saber gestionar mejor los principales temas de la existencia. A mí, cuando alguien me dice «yo leo todo lo que cae en mis manos», me parece una afirmación negativa y veo poco criterio; es necesario seleccionar bien lo que entra en nuestra mente a través de los libros. Yo sé muy bien lo que elijo, entre otras cosas porque mi tiempo para esa tarea es limitado.

La educación sexual como educación de los sentimientos

La sexualidad debe estar integrada en el campo de la afectividad. Una sexualidad sana, adecuada, humana, debe estar situada dentro del campo de los sentimientos. Amor y sexualidad deben ir unidos. A pesar de que estamos en *la era de la posverdad,* podemos hablar de *la verdad de la sexualidad,* es decir, de su naturaleza, de lo que realmente significa, cuál es su profundo sentido. Voy a ir desgranado sus dimensiones.

— *Dimensión biológica:* el ser humano es biología personal. Hombre y mujer tienen unos órganos sexuales con sus características anatómicas, fisiológicas y hormonales. Nadie viene a la existencia por azar o necesidad, sino que en su origen hay un acto creador de Dios, aunque no lo sepamos o queramos rechazarlo. Y por eso está abierta a la procreación. Sería un error pensar que la educación de esta parcela se reduce a técnicas sobre cómo llevar a cabo una relación sexual en donde se busca el máximo placer, sin más. Sería empobrecerla. Da pena ver algunos manuales sobre la sexualidad en los que ese es su principal cometido. En *el sexo de usar y tirar* a mí me gusta hablar de *genitalidad,* se trata de un contacto *cuerpo-a-cuerpo* en donde dos sujetos buscan sentir placer con el cuerpo del otro, sin más. Es un reduccionismo grave que empobrece. Es fisiología genital. Es una sexualidad disociada. Un medio de liberación simple donde todo es trivial, banal, como escape del aburrimiento o la búsqueda del orgasmo como placer sin compromiso[3]. Es la instrumentalización del otro, la sexualidad se degrada y se convierte en objeto de consumo, donde todo es epidérmico, superficial. Es la reducción de la sexualidad a placer, sin casi nada más.

— *Dimensión psicológica.* Si sexualidad y amor deben estar unidos, entonces bien podemos decir que *la sexualidad es un lenguaje del amor comprometido.* Y arranca de una atracción que no es solo física, sino que lleva a buscar en otra persona una plenitud. Es superar la propia pobreza antropológica. Se busca en la otra persona un estado de culminación, de abundancia, de completitud. Y esta tiene a su vez tres

3. Aquí hay placer sin alegría y contacto físico sin compromiso. Elogio de unas relaciones superficiales, epidérmicas, en donde la sensación de vacío está a la vuelta de la esquina.

apartados: el *afectivo,* el *plano cognitivo* y el *conductista.* Los tres están muy relacionados entre sí, pero conviene verlos separadamente.

1. El plano *afectivo* se refiere al *amor.* La sexualidad es la parte corporal del amor. El *amor* es uno de los grandes argumentos de la vida. Ya lo hemos visto a lo largo de las páginas de este libro. Y las relaciones entre amor y sexualidad no es que sean estrechas sino que la una se entronca directamente en la otra. En su seno vibran con fuerza todos y cada uno de los ingredientes que nutren al amor: lo físico, lo psicológico, lo cultural y lo espiritual. De este modo se da el *auténtico encuentro de persona a persona* en donde esos componentes lo envuelven todo. *No hay verdadero amor sin sexualidad.* Pero no puede ser lo único. La sexualidad mira al lado íntimo de la persona y la integra a las demás. Lo fundamental en la educación sexual es integrar la sexualidad a la persona. En la vida en pareja es muy importante cuidar la sexualidad. como se hace con el diálogo, la comunicación, el trato de calidad o tantas otras cosas de la vida en común.
2. *El plano cognitivo* se refiere al procesamiento de la información o a cómo almacenamos en nuestro interior todo aquello que nos llega desde fuera y que da lugar a un modo de *interpretación de la realidad.* En una palabra, tener una concepción similar de la sexualidad entre las personas que

forman la vida conyugal conduce a tener valores parecidos y criterios que hacen entender de forma similar algo tan importante. Aquí se juntan ideas, pensamientos, juicios, raciocinios, argumentos y modos de captar la realidad personal y social en toda su amplitud. Formas de decidir, de resolución de problemas, de cómo suceden los procesos de adaptación, cómo funcionan los sentimientos y cómo se evalúan los hechos que suceden. Que los sentimientos acaten los reglamentos de la razón pero dentro de un orden. Es necesario evitar pensamientos deformados o una interpretación afectiva que no sea sana. En fin, algo complejo pero que se rige por una serie de leyes que ordenan los pensamientos de forma equilibrada, como, por ejemplo, tener estrategias de afrontamiento ante problemas y dificultades que estén bien coordinadas entre ellas[4].

3. El *plano conductista* consiste en poder estudiar la conducta de forma objetiva, midiéndola, cuantificándola. Sigue el esquema de la llamada *relación estímulo-respuesta,* un binomio que recorre nuestro comportamiento. Por ejemplo, en la vida conyugal hay que buscar relaciones de forma positiva

---

4. La bibliografía es ingente. Citaré solo dos libros que merecen la pena para los interesados: Lazarus y Folkman, *Estrés y procesos cognitivos,* Martínez Roca, Barcelona, 2006.

Y el de McKay, Davis y Fanning, *Técnicas cognitivas,* Martínez Roca, Barcelona, 2011.

con la otra persona, como decirle cosas agradables y gratificantes; se llama *estimulación verbal positiva.* Lo que con esto se consigue es una reacción que va en la misma dirección y hace que el otro cónyuge también sea capaz de decir palabras agradables. Se descubren leyes que pueden ser aplicadas a la vida ordinaria; en una crisis de pareja, este es un método bastante eficaz para reducir desacuerdos o tensiones. Es un refuerzo que tiene muchas aplicaciones en muchos ámbitos de la Psicología. El conductismo viene a decir que nuestro comportamiento depende de cómo reaccionamos a los estímulos. Ellos prescinden de dos conceptos psicológicos clásicos: la conciencia y la introspección. En el amor es muy interesante incorporar estos dos planos, el *cognitivo y el de la conducta.* Le dan al amor consistencia y estrategias para buscar salida a conflictos y momentos difíciles, que *cualquier pareja pasa a lo largo de su vida.*

— *Dimensión cultural.* Esta tiene mucho relieve, sobre todo porque *no hay amor sin cultura:* saber del amor, conocer sus pasadizos, componentes, estrategias… pero también las modas por las que está atravesando la falda de este año 2019. Hoy la formación afectiva va en esta línea y las publicaciones se producen de forma sucesiva[5].

5. Hablo de libros más o menos recientes. Textos clásicos hay muchos y de gran calidad y van desde la Filosofía clásica a la moderna, pasando por la

— *Dimensión espiritual*. Viene a decirnos que si el amor tiene componentes que pasan de lo *natural* a lo *sobrenatural* se alcanza un nivel de comunicación y compenetración enorme[6] y es bueno asomarse a ella porque nos descubre un Mediterráneo de datos muy sugerente y aleccionador.

Vivimos en una sociedad anestesiada

Esta es una sociedad llena de cosas positivas, grandes avances tecnológicos y súper informada, repleta de noticias, datos, cosas que nos llegan de aquí y de allá, donde se mezcla lo terrible, lo malo y lo neutro. Parece que las noticias buenas no existen, salvo los eventos deportivos, y los presentadores de los telediarios abren con temas duros para impresionarnos. Me decía un periodista español muy conocido en *petit comité:* «Me interesan los escándalos y contarlos con detalle, con minuciosidad, porque a la gente le gusta lo escabroso...». Y eso es así. *Hoy el ser humano está como narcotizado, anestesiado, adormecido, en una especie de letargo hipnótico... cloroformizado*. Bombardeado con muchas cosas que generalmente lo dejan abrumado y sin re-

Psicología y todo lo referente a la vida afectiva. Desde Sócrates, Platón, Aristóteles, Séneca, Ovidio...

6. Las investigaciones a este respecto son muy abundantes. Desde hace muchos años, los investigadores que se dedican sobre todo al tema de pareja han demostrado científicamente, con rigor metodológico, que en aquellas que tenían una base sólida espiritual había muy pocas separaciones: católicos practicantes, judíos practicantes, mormones y un cierto etcétera.

sortes para reaccionar a todo eso. Por eso es clave saber entender lo que está sucediendo y descubrir los cambios tan vertiginosos que vemos. Uno de ellos se refiere a *la revolución sexual,* que arranca del *Mayo del 68* francés y que se prolonga con *la revolución sexual global del feminismo radical* y cuyos resultados ya los podemos ver hoy. Otra cosa es cómo los interpretamos, qué valoración hacemos de lo que estamos viendo en la persona, en la familia y en todo lo que de ahí se deriva.

Es bueno estar despierto ante las modas sexuales y para eso se necesita tener las ideas claras y captar qué hay detrás de esas cosas que ahora se llevan y que mucha gente las copia por contagio, porque se ve aquí y allá. Ir contra corriente cuando la dirección lleva a un resultado nefasto, muy contrario a la verdadera naturaleza del ser humano.

La educación sexual hoy es un auténtico reto

Ya hemos visto las *cuatro dimensiones de la sexualidad: física, psicológica, cultural y espiritual.* De ahí se desprende que *la educación sexual debe ser integral* y abarcar esas vertientes. Hoy vemos con cierta frecuencia en algunos libros sobre este tema cómo todo se refiere a técnicas sexuales para conseguir el máximo placer, o cómo utilizar los anticonceptivos o el preservativo, o explicaciones minuciosas sobre la anatomía y la fisiología de la sexualidad. Se quedan solo en lo biológico o, a lo más, hacen alguna consideración psicológica.

La sexualidad es un bien y debe manifestarse siempre en relación con la dignidad humana. Hay tres tipos de bienes:

El *bien útil* sirve para alcanzar un objetivo. Para ir de Madrid a Nueva York o a Buenos Aires lo más útil es hacerlo en avión pues en barco serían varias semanas y se convertiría en un viaje demasiado largo; si uno tiene una infección bucal, unas anginas, lo más útil es tomar antibióticos durante unos días, pues el remedio natural de hacer gárgaras de agua caliente con limón y miel puede prolongar la infección durante muchas semanas; si queremos enviar un mensaje rápido a alguien el correo electrónico es más útil que el correo postal.

El *bien agradable* es aquel que nos produce placer. Beber un refresco helado en un día caluroso; asistir a una comida de calidad en una celebración de cierto interés para una persona es muy positivo; ir a un concierto de música clásica a un buen auditorio es otro buen ejemplo.

Y el *bien en sí mismo,* que, visto de forma objetiva por observadores imparciales, llegan a la misma conclusión. La negativa de Tomás Moro (siglo XVI) a obedecer a Enrique VIII, rey de Inglaterra, para aceptar su nulidad matrimonial fue un acto bueno en sí mismo, no le causó ningún placer en sentido estricto, pero le costó la vida hacer aquello; una persona que prepara oposiciones a notarías, registros, judicaturas, abogados del Estado o similares dentro de campo jurídico... es algo bueno en sí mismo, pero implica un esfuerzo y mucha renuncia.

¿Por qué es buena la sexualidad, por qué es un valor? ¿Es buena porque es *útil,* es buena porque produce *pla-*

cer, o es buena *en sí misma?* Si reflexionamos con cierta profundidad veremos que solo la tercera respuesta es la verdadera. Lo que más necesita la persona es amor, amor verdadero, auténtico. El amor es donación, comprensión, tratar al otro como nos gustaría que a nosotros nos trataran, darle lo mejor que uno tiene. La persona que ama es capaz de darse a otra. *No se busca a la otra persona porque es útil, ni porque me produce placer, sino para darle lo mejor que yo tengo*. Jugamos con las palabras; resbalan en este campo de lo sexual. Lo *útil* lleva a *utilizar* a las personas como si fueran cosas; en las relaciones sexuales de hoy la persona es utilizada. Yo a eso le puedo llamar amor o lo que quiera. También dicen que en Cuba o en Corea del Norte o en China hay democracia.

Si se busca el *placer sexual* sin más, sin compromiso, aquello se convierte en un contacto epidérmico en donde el icono es el *orgasmo*. Pero no hay un verdadero encuentro con el otro, sino que se busca su cuerpo, que en ese momento a mí me produce placer, es decir, si nos quedáramos ahí, llegaríamos a la conclusión de que en la relación sexual aceptamos eso y que uno puede ser *usado o manipulado o instrumentalizado*, porque produce placer. La sexualidad debe ser expresión de amor auténtico y la sexualidad tiene un profundo sentido porque *es un bien por sí mismo*, porque hay donación, deseo de poner al otro por delante de uno, priorizarlo, hacer todo lo posible para que se sienta bien. Y luego nos topamos con la moral: *la moral es el arte de usar de forma correcta la libertad*, o dicho de otra manera, *la moral es el arte de vivir con dignidad buscando lo mejor para el otro.* En esas circunstancias la sexualidad tiene un valor moral.

¿Cuál debe ser entonces la adecuada educación sexual? La relación con los *bienes útiles* está regida por la *norma utilitarista* y que resumiríamos así: usa lo que te sirve. La relación de los *bienes agradables* está regida por la *norma hedonista,* que resumiríamos así: consigue el máximo de placer y el mínimo de dolor. La relación con lo que *es un bien en sí mismo* está regida por la *norma moral,* en donde se da un salto de calidad y que la resumiríamos así: ama todo aquello que es digno de ser amado, no porque te es útil ni porque te da *placer.* También podríamos denominarla como *norma personalista:* ama a esa persona en sí y por ella misma.

En consecuencia, siguiendo este curso argumental, *la norma que debe regir en la sexualidad es la norma personalista:* nunca uses a esa persona ni la trates solo como objeto y fuente de placer. Vuelve aquí una expresión clave: *la persona debe ser íntegra,* es decir, debe vivir con todas sus dimensiones al mismo tiempo. Cuando la sexualidad es auténtica se pasa de la r*elación cuerpo-a-cuerpo* a otro nivel más elevado: *relación de persona-a-persona* y eso ayuda a crecer como ser humano. El cuerpo humano es un cuerpo personal y cuando uno entrega su cuerpo lo que realmente da es su persona, con todo lo que eso significa. Hay que educar la sexualidad enseñando que deben ser integradas esas cuatro dimensiones a la vez para que sea *una relación sexual verdaderamente humana: física, psicológi-*

ca, cultural y espiritual. Todo junto, sumado y a la vez. La sexualidad como una gran sinfonía en donde todas sus dimensiones funcionan simultáneamente. El esquema queda así:

— *Bien útil. Norma utilitarista.* Uso lo que es útil porque me sirve.
— *Bien agradable. Norma hedonista.* Busco el máximo placer.
— *Bien en sí mismo. Norma moral o personalista.* Ama lo que es digno de ser amado.

Desde el punto de vista descriptivo, la sexualidad tiene *tres notas* fundamentales: una, que es algo lleno de *intimidad trascendente,* es una comunicación profunda, que tiene una enorme fuerza y no es algo liviano, superficial... sino todo lo contrario. Otra, que la educación sexual consiste en mostrar que las relaciones sexuales *deben ser íntegras* y regir en ellas la capacidad de *autodominio,* que es algo propio del ser humano y que no puede darse en el animal (que los instintos se disparan y no pueden ser gobernados). El otro tiene un enorme valor y es que *se quiere el bien del otro,* se pretende tratarlo de la mejor manera posible dándole lo mejor que uno tiene. Son tres características fenomenológicas: *la sexualidad es trascendente, se puede dominar y debe buscar el bien del otro.* Esa es su fuerza y su grandeza. *La sexualidad es una relación entre personas, con todo lo que eso significa: verlo en su dignidad y en su belleza personal.* Por ahí nos encontramos con la *dimensión espiritual* del acto sexual[7]: descubrir que el otro tiene un valor único y hay que tratarlo como tal. Repito: *comunicación trascendente, autodominio y buscar el bien del otro.*

7. Por ello la educación sexual sin espiritualidad falla, se queda corta, amputamos una parte esencial de la persona. Y esta sexualidad puede ser ***natural:*** cuando no hay una formación trascendente, porque esa persona no ha tenido una educación espiritual-religiosa, pero es válida pues son dos personas que se quieren, que se aman y comprenden y quieren tener un proyecto en común. O puede ser *sobrenatural* cuando hay una referencia que va más allá de ellos mismos y se inspira en las grandes líneas religiosas, lo judío, lo cristiano y lo musulmán; en nuestra Europa, nosotros nos quedamos con la tradición judeo-cristiana.

lección 5.ª

La pornografía hoy: un consumo de proporciones mundiales*

La pornografía como epidemia mundial

Más del 80 por ciento de los jóvenes del mundo civilizado ven pornografía casi a diario. Son muchos los estudios estadísticos al respecto realizados desde diversos ángulos que nos ponen frente a esta realidad. Los jóvenes que vienen a nuestra consulta me lo comentan como de pasada, otros vienen a consultarnos porque no pueden decírselo a nadie, pues ese asunto les descalifica, es inconfesable.

La pornografía nace como industria hacia 1973 en Estados Unidos y desde esa fecha se ha ido extendiendo gradualmente. Es el *nuevo azote mundial, una plaga destructiva e incontrolable*. Es mucha la gente que cree que este tema es una cuestión de minorías, que es selectiva, que se

* Buena parte de estas ideas las expuse en el Congreso Internacional de Psicología en la Universidad de Tulsa (Oklahoma, USA) durante los días 24 y 25 de mayo de 2019.

da en algunos jóvenes desocupados que pasan un rato distraídos con esto... Y la realidad es muy distinta. Sorprende que en una época como la nuestra, en donde hay tantos productos que se ofrecen como *ecológicos,* desde el agua a la pureza del aire, pasando por carnes, pescados y verduras, una gran mayoría mire a otro lado cuando se está produciendo esta *epidemia de proporciones devastadoras.* Y esto va desde Internet a aplicaciones concretas en los teléfonos móviles, vídeos, fotos, grabaciones verbales y un largo etcétera. Ha llegado a tal punto que me atrevería a decir que *hoy en día la educación sexual de los niños con edades comprendidas entre los diez y doce años está en manos de la pornografía. Luego continúa con los adolescentes a los que engancha y más tarde con jóvenes que quedan atrapados durante años en esas redes.*

El debate que surgió en los Estados Unidos cuando se comercializó iba dirigido a evitar la propagación de productos ilegales similares que se vendían clandestinamente. En Alemania pasó algo parecido. Y lo mismo en el Reino Unido. Se comentó que su consumo sería minoritario y que la gente no prestaría mucha atención a algo tan concreto. En diciembre del año 2018 se contabilizaron en Google unos dos mil millones de entradas con la voz «pornografía» o «XXX». Hoy el acceso a la pornografía es súper fácil, está en todas partes y a todas horas. Antes se hablaba de «cine para adultos», no se podían comprar revistas y productos pornográficos hasta no tener mayoría de edad; había unas limitaciones que hoy han caído por completo con Internet, las redes sociales y las aplicaciones en los teléfonos móviles. *Estamos ante un fenómeno mundial de proporciones masivas.*

Vi hace unos días a un chico de veinte años enviado por su madre, lectora de mis libros, y me dice que no sabe bien lo que le pasa, que cree que es ansiedad o una especie de obsesión. Se trata de un estudiante universitario que me confiesa literalmente lo siguiente: «Doctor, todo lo que le voy a contar es supersecreto profesional pues mi madre no sabe nada de esto. Desde hace unos tres años soy adicto a la pornografía. Es a diario y los fines de semana paso muchas horas con esto. Al principio pensé que era una cosa normal, casi todos mis amigos ven pornografía un rato a la semana, lo mío es terrible... Yo estoy mal, ayúdeme, haga lo que sea para sacarme de aquí». Este relato deja bien a las claras lo que le sucede a esta persona.

Me dice un miembro de mi equipo, psiquiatra, en torno a los treinta años: «Doctor Rojas, tú cometes un error cuando a la gente joven que viene a nuestra consulta, por el motivo que sea, le preguntas: "¿Tú ves pornografía?". El asunto hay que formularlo de otro modo: "¿Cuánta pornografía ves?". Porque casi todos la ven, por no decir todos».

Desde la aprobación de la pornografía en 1973, su expansión como negocio ha sido exponencial. Hoy es una *lacra terrible* que tiene una enorme influencia no solo en los jóvenes sino también en los adultos. La pornografía consiste en la presentación de imágenes sexuales directas, explícitas, que invitan al consumo de sexo. Es el deseo sexual sin amor. Un zoco, un mercado persa en el que uno elige todo lo que quiere. Dicen los que saben que en torno al

50 por ciento del contenido de Internet es pornografía. Una oferta sin límites. Las revistas tradicionalmente eróticas o claramente pornográficas han visto caer sus ventas porque conseguir hoy sexo por otros medios es muy fácil. Muchos jóvenes lo llevan en una aplicación en su móvil, igual que la aplicación para conseguir un taxi en unos minutos.

La pornografía está saturando el mundo, su difusión es frenética y no tiene límites. En el *Diccionario Británico*, la palabra *voyerismo* se define así: «Comportamiento sexual humano que implica el logro de la excitación sexual a través de la visualización de actividades sexuales de otros o través de la observación de otros desnudos». Leemos en *Wikipedia* lo siguiente: «Una traducción literal del francés *voyeur*, que significa «mirón, observador de personas desnudas o que realizan algún tipo de actividad sexual; puede ser mirando por la cerradura de una puerta o por un resquicio o utilizando medios técnicos [...]. La masturbación acompaña a menudo al acto voyerista. El riesgo de ser descubierto actúa normalmente como un potenciador de la excitación». Yo recuerdo cuando era estudiante de Medicina, al estudiar la Psicopatología de la sexualidad, que todo esto era visto como una modalidad enfermiza, patológica... Hoy en día no, por el *relativismo*, la *permisividad* y por la *revolución sexual global*, en donde cualquier conducta es válida si a ti te apetece y el que está contigo la acepta[1]. Es-

1. Se excluye de aquí la relación sexual con niños y con menores de dieciséis años, por un lado, y la relación sexual con animales. Ambas están tipificadas como delito en el Código Penal.

ta práctica está saturando a toda la sociedad y es un fenómeno invisible del que no se habla salvo entre la gente joven, que les parece normal y que entre ellos lo comentan. Hay trabajos de investigación sobre este tema muy interesantes[2]. Hoy en día se ha ido propagando esto de una manera epidémica.

¿Por qué la pornografía es mala?

Me parece una pregunta fundamental y muchos ni se la hacen, ni se la plantean. La respuesta es porque degrada al ser humano, lo rebaja, lo convierte en alguien que solo ve en la mujer la posibilidad de tener algún tipo de contacto sexual, desdibujándose otras muchas posibilidades en la relación hombre-mujer. La pornografía es una mentira sobre el sexo. Es maestra en ofrecer una imagen de la sexualidad

2. Es el caso de Tabea Freitag, que ha dedicado muchos años a investigar este tema en su libro *Fit for love,* Fachstelle Mediensucht, Berlín, Hannover, 2018. Nos dice que su experiencia al respecto es inimaginable y que eso conduce a un sexo violento, duro, en donde la mujer es rebajada al nivel de una cosa para pasar el rato.

Igualmente, Mary Eberstadt y Mary Anne Layden en su texto *The social costs of pornography* (Witherspoon Institute, New Jersey, 2019) hablan del enorme mercado que hoy es este tema. Insisten en que el efecto más nocivo es la degradación de la persona y la dificultad o incapacidad para ver en la mujer algo que no sea sexo, lo cual a la larga tiene unas consecuencias muy negativas de cara a la vida en pareja. Muchas de las actrices porno realizan esos actos y son grabadas y filmadas estando bajo los efectos del alcohol o drogadas. Yo, como psiquiatra, he visto algunas mujeres dedicadas profesionalmente a esta actividad y me lo confirmaban: «Es un trabajo denigrante, que sabes el daño que hace pero te olvidas de eso y lo haces bajo la vigilancia del realizador de turno», me decía literalmente una de ellas.

utópica, irreal, delirante, absurda y que se convierte en una obsesión de distintos grados según el nivel de consumo que esa persona tenga. Hay que pensar en que hablamos de una persona que tiene un desarrollo físico y psicológico, que tiene un nivel intelectual, unos sentimientos, unas aspiraciones positivas pero que, cuando vaya por estos derroteros, su deseo de tener un amor auténtico, una felicidad razonable, una familia adecuada le resultarán muy difíciles de lograr; el consumo intermitente o frecuente o la adicción se lo van a frenar o a impedir. Esa persona se reduce a sí misma a ser un animal de consumo sexual rápido y, *buscando una cierta liberación, se convierte en esclavo (sin saberlo)*. Hay que señalar que *la pornografía tiende a ser adictiva,* esto es casi una ley psicológica. Hoy sabemos por investigaciones rigurosas que *la adicción a la pornografía es más grave que la adicción a la cocaína* porque afecta a circuitos cerebrales más complejos (un pionero en estos trabajos fue Carnes, hacia el año 1990, y luego ha habido muchas publicaciones al respecto en los años 2007 y 2016), de tal manera que se sigue aquí lo propio de las adicciones. La *dependencia,* que es la tendencia a dirigirse hacia ella una y otra vez después de un cierto periodo de horas o días sin verla. La *tolerancia,* que significa que para alcanzar la misma excitación que al principio se necesitan ingredientes más complejos, mezclas y novedades. La *esclavitud* de la adicción, que depende de la frecuencia e intensidad, pues no es lo mismo para el que la consume de forma esporádica o intermitente, que para el que lo hace muy a menudo o es un verdadero adicto. Sin olvidar que casi ningún adicto lo reconoce, le quita importancia y dice que son muchas las personas de su entorno que están en lo mismo.

También debemos detenernos en *las mujeres que son víctimas de ese trabajo porno,* pues muchas de ellas sufren de tráfico sexual; son personas pobres y sin recursos, sin posibilidad de estudios que desde muy pequeñas son utilizadas de este modo y terminan siendo prostitutas. Es un mundo sórdido y humillante. Voy a verlo en varios planos distintos.

La pornografía en el niño y en la pubertad

Esta la situamos entre los siete u ocho años para el niño, los once o doce años de la pubertad y los quince o dieciséis años en que comienza la adolescencia aproximadamente. Me decía un productor de pornografía con el que tuve una relación profesional, pues le vi en mi consulta por un problema de insomnio, al preguntarle a qué se dedicaba: «Soy productor de porno y hemos conseguido enganchar ya a los niños de once y doce años y para nosotros este es un reto: esto es un negocio y es importante para nosotros ganar adictos, hay mucha demanda y estamos mejorando». Hablando con él me di cuenta de que estaba ante un hombre frío, amoral, sin escrúpulos, centrado en el dinero, para el que la vida es un negocio y la posibilidad de ser cada vez más rico... «He vivido con varias mujeres y para mí el sexo es vida y quiero que la gente disfrute de él desde pequeña, sin problemas y sin sentirse culpable de nada». La afirmación queda ahí.

Estoy viendo a un niño de once años al que hemos diagnosticado de *Trastorno por Déficit de Atención e Hiperactividad* (TDH son las siglas de este desorden psicológico) y hablando con él, además de su problema de dificultad para concentrarse y hacer los deberes del colegio y tener un rendimiento adecuado, me comenta: «Llevo bastante tiempo viendo pornografía, fue un compañero del colegio el que me dijo cómo podía verla y lo hago con frecuencia... No quiero que lo sepan mis padres, no se lo diga usted, doctor, porque se enfadarían mucho conmigo, muchos compañeros de mi clase lo hacen». Hoy la tecnología llega incluso a niños de esta edad y los marca: Internet, videojuegos, correos electrónicos y otra serie de posibles aplicaciones que desde muy pequeños aprenden a manejar. Según *ABC News* de Estados Unidos (2019), la pornografía empieza en los niños entre los seis y los siete años y los marca de por vida. Se convierte en un recuerdo imborrable. Los padres tienen aquí un papel muy importante, no solo deben ayudarles a evitar ese consumo tan dañino, sino explicarles cuál es el sentido de la sexualidad adecuándola a su edad y forma de ser; para eso es necesario que ellos tengan buena formación y lean libros sólidos en donde aprendan su verdadera importancia y el riesgo de verlo simplemente como algo que produce placer. Pensemos que la llamada asignatura o disciplina *Educación sexual* muchas veces se refiere solo a técnicas sexuales de masturbación, o a cómo tener relaciones sexuales satisfactorias, o a modos de conseguir un mayor placer y pocas veces tienen un fundamento psicológico y moral. Padres que vuelven muy tarde de trabajar y sus hijos se quedan solos, sin control de ningún adulto, en esos casos la búsqueda de algún tipo de pornografía es algo muy común. Los daños psicológicos y morales son muy negativos y ya tenemos informaciones científicas sobre todo esto[3].

El mercado de la pornografía infantil ha crecido muy rápidamente en los últimos años. Pamela Paul (2015) ha sido una pionera en este tipo de estudios y su libro *How pornography is transforming our lives* ha tenido enorme resonancia. Y J. Carroll (2008, 2016) habla con muchos datos en la mano del tráfico de niños que atienden ofertas de hacer pornografía y quedan secuestrados en pleno siglo XXI.

En plena pubertad las descargas de este tipo de imágenes, películas y vídeos son muy habituales, como han demostrado Wendy y Larry Maltz en su libro *The Porn Trap: The Essential Guide of Overcoming Problems Caused by Pornography*[4].

---

3. Una de las personas que más ha trabajado en todo esto es Gabriele Kuby en su libro *La revolución sexual global,* DidasKalos, Madrid, 2017. Es un texto rico en información en donde se aborda el recorrido histórico de la ideología de género y la travesía tenida en los últimos años.

También hay que mencionar a Tocumura, *La pornografía on line,* Voz de papel, Madrid, 2016; es indispensable para saber qué está pasando en las redes sociales, que vienen a ser una selva casi sin control y de efectos devastadores.

Así mismo, Peter Kleponis ha sido capaz de sintetizar su dedicación exclusiva al estudio de la pornografía en dos libros que son de gran utilidad: *The pornography epidemic*, Simon Peter Press Oldsmar, 2015, y *Pornografía: comprender y afrontar el problema,* Voz de papel, Madrid, 2018. Me ha impresionado mucho ver en las páginas finales del libro (pág. 355 y ss.) la rica información sobre cómo acceder a contactos positivos, a personas y medios dedicados a ayudar a gente atrapada en esta feroz epidemia mundial.

4. Wendy y Larry Maltz; *The Porn Trap: The Essential Guide of Overcoming Problems Caused by Pornography*, Deacon Press, Boston, 2018.

La pornografía en la adolescencia y en la primera juventud

La pornografía en esa etapa de la vida va a producir unos daños bastante duraderos. Es natural que a un adolescente que está descubriendo su sexualidad le interesen estos temas. Y que sepa encajarlos en su persona. Hoy para muchos jóvenes la educación sexual la hace la pornografía, así de claro. Y esto lo sé bien como psiquiatra, porque muchos ellos me lo explican. A veces les cuesta reconocerlo, pero al final lo cuentan con nitidez. *Pornografía y masturbación forman un binomio,* lo he dicho una y otra vez. Es el sexo con uno mismo viendo escenas de este tipo o tirando del archivo de imágenes que se almacenan en la memoria. Se busca sexo rápido, inmediato, sobre la marcha, pero que a la larga incapacita para tener una relación de pareja sana, positiva, madura.

Nadie dice que ve pornografía. Los jóvenes sí lo hacen entre ellos y lo comentan con cierta naturalidad. Me decía uno: «Todos estamos en eso, hoy es lo más normal». Y eso conduce a lo que pasa hoy con alguna frecuencia: un sexo desvinculado, de usar y tirar, relaciones íntimas con alguien que pasa cerca y poco más. *Placer sin alegría. Gozo sin felicidad y detrás de eso un vacío enorme en donde la adicción esclaviza.* La esclavitud parece libertad. Es un espejismo. Hoy sabemos por investigaciones recientes que la *adicción a la pornografía* es más grave que la de la cocaína, pues afecta a circuitos cerebrales concretos, en donde unas sustancias llamadas *cortisol* y *dopamina* asoman y, después de un tiempo sin ver ese tipo de imágenes, uno se ve empujado a buscarlas, es como un imán que arrastra en esa dirección[5].

Hay millones de adolescentes atrapados en esto desde los quince o dieciséis años sin que sus padres se enteren. La pornografía cambia su visión de la mujer, de la sexualidad y se convierte primero en un divertimento y después en una obsesión que no pueden comprender. Dejan, tristemente, de ser niños y abandonan ese mundo por esta puerta falsa que hace que no tengan esos años sanos, plácidos... Y el bombardeo de imágenes hace que no tengan claro cuál es la verdad sobre la sexualidad, su importancia en la vida humana y da pie a que muchos empiecen a ver a las chicas como alguien/algo con quien pueden tener una relación entre dos cuerpos. Es el momento en que los padres responsables deben explicarles el *significado de la sexualidad y darles una adecuada educación sobre ella* al margen de todas las modas del momento, evitando una visión deformada y enfermiza.

He visto muchos adolescentes traumatizados por la pornografía que han sido dejados solos frente a un ordenador

---

5. Cfr. el libro de la Doctora Marián Rojas Estapé *Cómo hacer que te pasen cosas buenas,* ob. cit. El *cortisol* es una sustancia que nos prepara para la acción, la lucha o un peligro inminente; durante la noche su nivel baja y asciende hacia las ocho de la mañana, pues sigue el patrón de la luz del día a día.

La *dopamina* es una sustancia química que tiene mucha importancia en este proceso adictivo, de tal manera que, cuando pasan una serie de horas o días sin que ese sujeto vea algún tipo de pornografía, esta actúa inclinando, motivando, tirando de esa persona para buscar ese tipo de imágenes que no puede cortar, que no es fácil hacerlo, es la dependencia.

en donde ven escenas fuertes que marcarán su vida si no se actúa a tiempo. Lambrecht, director de la Clínica de Abusos Sexuales Teddy Bear en Estados Unidos, nos dice que el 90 por ciento de los delincuentes jóvenes han visto pornografía durante años y han pasado de contemplarla a practicarla. De ver escenas de forma pasiva a ser actores de ello. Repito: es clave que los padres les expliquen a sus hijos esto y que para eso se formen, tengan criterio y no esperen a que sea en las escuela donde les cuenten todo lo que se refiere a la sexualidad, donde generalmente carecen de un sólido fundamento psicológico y moral.

Caso clínico: varón universitario adicto a la pornografía

Vienen a la consulta un joven de veinticuatro años, estudiante universitario, y su madre. La madre quiere entrar antes de que hable con él para explicarme lo que ella cree que le pasa y me cuenta: «Repite curso por tercera vez y en los dos años anteriores solo ha aprobado tres asignaturas. Está en tercero de carrera, siempre le costó estudiar y para mí el problema es que pierde mucho el tiempo con el teléfono móvil y con Instagram y todo eso y, además, últimamente le veo muy encerrado en sí mismo y se mete en su habitación y no sale de allí. No sé si estará deprimido, por eso le he traído, para que usted me diga qué tiene y qué hay que hacer para ayudarle; siempre ha sido algo tímido, no tiene muchos amigos, es bastante distraído». Hablo con él: «Yo no quería venir a la consulta porque yo no estoy mal de la cabeza, lo único que me pasa es que me cuesta estudiar y sé que no voy bien en mis estudios de Derecho. Mi padre me dice que esto es normal, pero mi madre está demasiado encima de mí».

La entrevista con él dura más de una hora. Después le dejo haciendo una serie de test y exploraciones complementarias para conocer mejor cómo se encuentra de ánimo, cómo es su forma de estudiar, etc. Pero hay dos cosas que me llaman mucho la atención. Le hemos pasado el test de inteligencia de Raven, que es muy práctico porque mide la inteligencia general (sin matices), y obtiene, sobre un máximo de sesenta, una puntuación de cincuenta y cinco, que es altísima: *poseyendo una inteligencia general muy alta tiene un fracaso en los estudios muy claro;* y, por otra parte, me doy cuenta hablando con él *que pierde mucho el tiempo.*

Le pregunto: «¿Con qué pierdes mucho el tiempo? Y me responde: «Con Internet y las redes sociales, pero creo que mi problema es la pornografía y esto no lo sabe nadie de mi casa, solo mi hermano de veintidós años. Yo en muchos ratos libres me voy a la pornografía y varios compañeros de clase me han ido diciendo cómo puedo meterme más en esto y no quiero que lo sepan mis padres, ahora tengo una aplicación en mi móvil sobre esto».

La pornografía se ha ido colando en su vida poco a poco y día a día. A eso se añade un *grave problema de voluntad* que le ha llevado a no ir a clase a la universidad, no sentarse a estudiar y a preparar los exámenes con muy poco tiempo previo.

«He perdido confianza en mí mismo. Me masturbo varias veces al día y estoy como un sonámbulo metido en esto; las asignaturas me cansan, me cuesta mucho sentarme delante de los libros, la verdad es que estoy como bloqueado».

Su diagnóstico es doble: por un lado, adicción a la pornografía (es casi diaria aunque más intensa en los fines de semana) y, por otro, tiene muy poco trabajada la denominada *inteligencia auxiliar,* o sea, la facultad para potenciar la inteligencia básica a través de sus cinco herramientas: *orden, constancia, voluntad, motivación y capacidad de observación.* En su caso, sobre todo las cuatro primeras, y en especial hay que subrayar que *tiene muy poco educada la voluntad.*

Iniciamos con él una psicoterapia cognitivo-conductual a través de una serie de pautas de conducta muy concretas:

— Ir a clase a diario y tomar apuntes en ella.
— Quitar de la habitación el ordenador y la aplicación de *sexo del móvil.*
— Mensajes cognitivos para decírselos a sí mismo cuando vaya a buscar cualquier tipo de pornografía.
— Saber que la falta de voluntad es una limitación seria en la vida, no solo para estudiar sino para lograr muchos otros objetivos.
— Sentarse todos los días durante dos horas a estudiar, en un horario fijo teniendo apagado el móvil y desconectado de las redes sociales.
— Ser consciente de que lo que a él le pasa tiene cierta gravedad, pues le está marcando en negativo.
— Planificar con orden los exámenes que tenga a corto y medio plazo.

— Deporte semanal planificado: establecer días y horas.
— Leer algo que no sean solo libros de Derecho (no tiene hábito de lectura).

Le he dado una medicación para mejorar su capacidad de concentración. Todos los *objetivos psicológicos* han ido a una *libreta de pautas de conducta* que tiene que ir trabajando día a día. Cita semanal inicialmente. Después, cada dos semanas. He conseguido motivarle. El tema de la pornografía es secreto profesional.

Tras ocho semanas de terapia ha habido muchos avances y algún retroceso. El tema de la pornografía es lo que más le cuesta, pues ha descubierto otras maneras de acceso a ella.

Este ejemplo clínico espigado entre muchos más o menos parecidos es muy demostrativo de lo que hoy está sucediendo. Desde luego, tengo que decir que no es lo mismo consumir pornografía a los dieciocho que a los veintidós o a los veintiséis años, por poner unas cifras concretas, pues hay muchos matices. Gente de esta edad que lleva años «en esto» tiene ya un modo de pensar y de actuar que no será fácil cambiarlo. Lo primero de todo es reconocer que tienen esta inclinación, lo cual no es sencillo, pues muchos de ellos niegan esta conducta, o la minimizan, o dicen simplemente que «toda la gente de mi edad está en esto». *Un joven que pasa horas en su habitación con un ordenador y aislado del mundanal ruido es fácil que se entregue a la pornografía; esto destroza su persona aunque él no lo reconozca o lo niegue.* La experiencia como psiquiatra me hace enfatizar esa afirmación.

Hoy en día son muchos los soportes para acercarse a consumir pornografía. Internet se lleva la palma con vídeos y películas, videojuegos, vídeos musicales, libros de cómics, dibujos animados para niños, novelas, blogs, historias eróticas y, en menor medida, los teléfonos eróticos. Es una saturación erótica a lo grande; muchos de ellos se envían fotos de desnudos o semidesnudos mientras se tiene más o menos algún tipo de contacto físico y todo esto se envía y se intercambia en Facebook o Twitter. Lo que es normal, que es tener curiosidad por la sexualidad en razón de su edad, sobre todo al principio de la adolescencia, pasa a convertirse en una conducta adictiva.

La pornografía cambia la idea sobre la mujer

Cuando uno ha visto gente joven consumiendo pornografía con más o menos intensidad, al preguntarle a solas cómo ha influido esto en la idea que se tiene de la mujer a muchos de ellos les cuesta decir la verdad o prefieren callarse; pero si uno insiste y les pregunta con cierta audacia nos encontramos con las siguientes respuestas: «Para mí, conocer a una chica es ver la posibilidad de tener sexo con ella, lo digo como lo pienso». «Para mí la pornografía es importante porque me ha descubierto lo que es el sexo y todo lo que puedes disfrutar con él». «No tiene sentido casarse y tener hijos... eso es una carga, para mí es sexo disfrutar sin problema». «Tener contactos sexuales es divertido y me divierte ver cómo puedo conseguirlo». «La pornografía es buena porque te enseña mucho». Estas son sentencias entresacadas de gente joven con la que he podido hablar.

Hay otros más conscientes de su problema que nos dicen cosas diferentes: «Creo que la pornografía puede ser buena de entrada, para saber lo que es el sexo, pero el problema es que te conviertes en adicto y eso te lleva a obsesionarte». «El problema es que esto te cambia la forma de ver a la mujer y no ves lo que es el amor». «A todos nos interesa saber qué es la sexualidad, pero la pornografía te embrutece». «Si no hay control de la pornografía, eso te deforma». «Ver sexo en directo mata la parte espiritual de la persona».

Pero es interesante resaltar las afirmaciones de los padres que han traído a alguno de sus hijos a consulta tras descubrir que consumían pornografía. Ellos se han sentido descubiertos y, generalmente, le han quitado importancia o se han sentido humillados, o han recurrido a decir lo de siempre: «Todos mis compañeros están en esto, es lo normal». He entresacado frases como las siguientes: «Nunca hubiera pensado esto de mi hijo, estoy hundida» (decía una madre). «Yo me imaginaba algo, pero no podía pensar que llegara a tanto». «Ha sido un palo para nosotros como padres, después de lo que le hemos dado como educación». «Doctor Rojas, sáquelo usted de esto, mi hijo se ha degradado». «Hemos visto el ordenador de nuestro hijo y estamos destrozados, hemos fracasado como padres». «Deberían prohibirla o hacer algo porque esto mata por dentro a un joven». «Así se pierde el amor y el romanticismo... Todo es brutal» (me decía una madre, llorando). «Qué va a ser de mi hijo si está metido en este fango... Terminará mal si no lo curamos de esto».

Los consumidores habituales de pornografía (sin llegar a ser adictos) creen que en el sexo todo es posible y que hay que ser atrevidos y llegar lo más lejos posible en fantasías o posibilidades y que todo es normal (sexo oral, anal, violento, homosexual, sexo en grupo, relaciones sadomasoquistas...). Se ha demostrado científicamente que esto lleva a comportamientos sexuales disfuncionales, enfermizos, patológicos... *La pornografía es una ilusión falsa.*

Algunas mujeres piensan que deben mostrarse más sexis para atraer a los chicos y se produce un mecanismo de ida y vuelta, en donde es importante tener las ideas claras para no caer luego en desencuentros, abatimientos psicológicos o un rechazo frontal al hombre[6]. Y al tener la referencia de mujeres físicamente perfectas, con un cuerpo escultural y las mejores dimensiones somáticas, pueden asomar enfermedades modernas en las mujeres más débiles e inseguras: anorexia-bulimia, obsesiones estéticas, complejos de inferioridad por no tener las medidas corporales «que están de moda», etc.

El joven que ve pornografía quiere practicar sexo. Quiere hacer lo que ve una y otra vez. Y esto lleva al acoso sexual en las escuelas y a un trato vejatorio de los chicos ha-

---

6. Quiero hacer la siguiente afirmación a estas alturas del presente capítulo: *Hoy en día el hombre fingiendo amor lo que busca es sexo; y la mujer fingiendo sexo lo que realmente busca es amor.*

Creo que en esta frase mía hay mucha verdad de lo que está sucediendo hoy.

cia las chicas. No es de extrañar que se den embarazos en adolescentes y abortos y todo lo que de ahí se deriva. *La pornografía es maestra en enseñar a ser egoístas,* a pensar solo en uno mismo. Recordemos lo que dicen los expertos: *la pornografía se mueve en las cinco aes: asequible, accesible, anónima, aceptada y agresiva.* En el adolescente se une la curiosidad propia de la edad y eso añade un plus importante.

La influencia de la pornografía en el hombre casado

Lo he dicho y repetido: *pornografía y masturbación forman un binomio inseparable.* Es decir, para una persona ya casada que ha sido consumidor frecuente o habitual o adicto a la pornografía, la relación sexual consigo mismo dura unos minutos, hasta que tiene el placer, que llega de inmediato. Y queda saciado. Pero cuando esta persona va a tener relaciones íntimas con su mujer (que ignora o le quita importancia al hecho de que su marido ve más o menos imágenes pornográficas) hay varias cosas que suelen fallar: por una parte, *todo va muy rápido y no hay besos ni nada romántico;* otra, la *eyaculación precoz* consecuencia de la manipulación de sus genitales buscando el placer personal, y, finalmente, en esas condiciones, a menudo *la mujer no siente placer, no llega al orgasmo.* Como consecuencia, ella no busca las relaciones sexuales y esto, a medio o largo plazo, conduce a un distanciamiento, a un desencuentro que no va a ser solo sexual, sino de comunicación interpersonal. La American Psychological Association (APA, 2017) en distintas editoriales y encuestas realizadas con mucho rigor científico, pone de manifiesto lo negativa que es la *sexualización de la mujer como objeto de placer.* Eso impide ver la rica gama de posibilidades que tiene la mujer y se queda solo con dos o tres: placer, emoción, novedades...

Caso clínico: cómo afecta la pornografía a la vida conyugal

Viene a la consulta un matrimonio. Llevan diecisiete años casados. Él tiene cuarenta y siete años, es economista, trabaja en inversiones y temas financieros. Ella cuarenta y dos, es profesora de Historia y Literatura Española en un colegio. Tienen tres hijos de dieciséis, trece y nueve años. Es ella la que pide una primera cita y viene a la consulta sin él para contarnos lo siguiente:

«Hasta hace unos tres años mi matrimonio ha funcionado más o menos bien, con las típicas cosas que pasan en cualquier pareja, pero ya llevo tiempo dándome cuenta de que mi marido consume pornografía. Al principio me quedé extrañada, pensé que era una cosa accidental ocurrida un día en que él, de noche, se quedó trabajando mientras yo dormía. Me levanté para ir al baño, era de madrugada y entré en el sitio donde él trabaja y me quedé asombrada... Él me dijo que estaba cambiando de tema y que le entraron esas imágenes, pero a partir de ahí y de otras anécdotas, el tema ha ido a más... He investigado en su móvil y en su ordenador y el tema es grave».

Continúa su explicación, mientras llora y se lamenta de no haber tomado cartas en el asunto antes: «Él al principio lo negaba, luego decía que era una cosa puntual y poco a poco ha ido aceptándolo, que es una adicción... Y la imagen de mi marido se ha desinflado. He dejado de admirarlo y se ha convertido para mí en un hombre vulgar... Hemos tenido fuertes discusiones, yo le he dicho de todo y últimamente le he amenazado con dejarle, con separarnos y que se vaya de casa. El tema ha trascendido a nuestros hijos (dos hijas y el pequeño es un chico) y ellos mismos están muy sorprendidos».

Al cabo de unos días vienen los dos a la consulta (sin él saber que su mujer ha hablado ya previamente conmigo). Entra primero él y me cuenta su versión de por qué están en consulta: «La verdad es que yo no quería venir a ver a un psiquiatra porque creo que no lo necesito, pero mi mujer se ha empeñado... Tenemos una situación de pareja complicada, pero yo creo que es lo normal en cualquier relación: mi mujer está cansada, lleva mucho trabajo en su profesión, en un colegio en donde está muchas horas; las dos hijas mayores están en plena adolescencia... Y yo... que quizá me he enfriado algo con ella... Pero para mí todo eso es más o menos normal».

No me habla para nada de la pornografía, cosa sorprendente. Y le hago la siguiente pregunta: «¿Hay algo más que sea relevante, que no me haya usted contado?». Y me dice: «Bueno, sí, mi mujer me ha cogido en algunas ocasiones viendo pornografía y se ha enfadado mucho conmigo porque dice que eso es muy negativo y que para ella es como una infidelidad».

Le digo: «¿Usted con qué frecuencia ve pornografía?». Me responde: «No sé... de vez en cuando, en ratos libres... Mucha gente de mi edad que conozco me dice que también lo hace...». Pero le insisto: «¿Cada cuánto tiempo la ve?». Me dice: «Lo normal, un par de veces a la semana, cuando estoy relajado, los fines de semana...».

Le dejo haciendo una serie de test psicológicos: de personalidad, de estado de ánimo, de relaciones de pareja... y le pido que esta información me la dé por escrito en nuestra consulta:

- Principales áreas de conflicto entre mi mujer y yo clasificadas de más a menos importantes.
- Qué le *quitaría* a mi forma de ser y que le *añadiría* para mejorar nuestra relación de pareja.
- Lo mismo pero para mi mujer.
- ¿Cree que es mala la pornografía? Y si es así, ¿por qué?
- Información complementaria (cosas importantes que no han salido en nuestra entrevista clínica).

Después pasa la mujer a hablar conmigo y le digo que de entrada su marido no había hablado de la pornografía. Ella me insiste en que eso es clave y que «si él no sale de eso, yo me separo de él».

Iniciamos una terapia principalmente con él sobre el tema de la pornografía y le digo: «Tiene que saber que el ser consumidor más o menos intenso de pornografía (él lo minimiza, su mujer lo maximiza) provoca en cualquier mujer un rechazo frontal hacia el marido; le voy a dar unas estrategias psicológicas para combatir eso; por ese tema su vida conyugal se puede romper. Para su mujer eso es ahora lo primero, lo principal. Si eso no lo arregla, la relación entre ustedes dos tiene mal pronóstico».

En las siguientes visitas me doy cuenta de que él es buen profesional de lo suyo, pero poco maduro en lo afectivo, que tiene un fondo prepotente y no tiene mucha inteligencia emocional. Diseñamos un *programa de terapia conyugal* para cada uno por separado pero teniendo claro que él necesita mucha más ayuda que ella. Entre las pautas psicológicas para ella hay dos que debo destacar: una, saber valorar los progresos psicológicos de su marido, y otra, no hablarle más de la pornografía, dejar eso en manos del doctor y de su equipo.

La evolución ha sido positiva. Él me comenta: «Me ha costado lo de la pornografía porque lo tenía como un pasatiempo, era una curiosidad, pero ahora reconozco que yo era un poco adicto y veo que nos habíamos alejado mi mujer y yo desde hace tiempo».

Este ejemplo clínico es bastante representativo de cuanto vengo diciendo. Las heridas físicas y psicológicas de la pornografía en la vida familiar son muy destructivas y se tarda tiempo en curarlas. Los principales efectos son que se deja de admirar a ese hombre que cae en esas redes y se pierde la confianza, de tal manera que el diálogo se hace menos auténtico y fluido sabiendo que ese hombre miente o falsea la realidad o cuenta las cosas como realmente no son[7]. Y al mismo tiempo las relaciones sexuales de la pareja ya no son igual pues la mujer se da cuenta de que su marido le pide cosas raras, extrañas, nuevas y poco sanas en lo que debe ser una relación de amor y de entrega; todo lo que ha visto en imágenes de alguna manera quiere hacerlo en la intimidad con ella, rebajando el nivel y la calidad de lo que debe ser el auténtico amor de una pareja. La mujer se puede sentir *un juguete sexual* de ese hombre. Este es *un sexo promovido por la pornografía que pide más y más novedades*... Se pierde la belleza de la mujer en lo físico y en lo psicológico, se la rebaja de nivel... La crisis conyugal y la ruptura son el destino de muchas de estas parejas.

Termino este apartado volviendo a recordar que *la pornografía produce adicción* y que esto está demostrado científicamente desde hace ya muchos años[8].

---

7. Hay un investigador de todo esto que es Laaser, *Freedom begis here,* Siloam Springs, Nueva York, 2019. Afirma que ver pornografía destruye la confianza en la otra persona; la mujer se vuelve desconfiada y se hace a sí misma muchas preguntas: ¿cuánta pornografía ha visto y ve mi marido? ¿Ha ido a sitios de prostitución o clubs de chicas? ¿Podrá pasarme alguna enfermedad de transmisión sexual? ¿La decepción que tengo de mi marido cambiará, se curará?

8. Me he referido antes a las primeras investigaciones de Patrick Carnes, *Don´t call it love: recovery from sexual addiction,* Bantam Books, Nueva York, 1991. Y Patrick Carnes, David Delmonico, Elizabeth Griffin, *Breaking free of compulsive online sexual addiction,* Hazelden Foundation, Nueva York, 2018. Él lo explica científicamente y en consecuencia el tratamiento debe comenzar por que la persona en cuestión acepte que es *adicta* en alguna intensidad.

Hilton y Whats en su texto *Pornography addiction: a neuroscience perspective,* St Martin Press, Nueva York, 2019, insisten en que esta adicción no es diferente de la de otras drogas, como la cocaína, la heroína o el éxtasis, que actúan sobre los centros de gratificación cerebrales. Esto lo sabemos muy bien los médicos psiquiatras.

La pornografía en el adulto

Sorprende bastante saber que muchas personas entre los cuarenta y los sesenta años la ven con bastante frecuencia. Quizá no lleguen a la adicción en sentido estricto, sino que, algunas veces a la semana o en horas muertas la buscan y pasan unas horas entretenidos con este material. El problema es que este tipo de personas cuando tienen relaciones íntimas con su pareja, le piden «cosas especiales» que han visto escenificadas y la sexualidad deja de ser un acto que empieza por la ternura, por la delicadeza, por una afectividad suave y que termina en el acto sexual. Todo es rápido, brusco, sin liturgia y con peticiones muchas veces degradantes en las que la mujer no siente placer y, por tanto, se retrae de tenerlas y se produce un mecanismo de *feedback* que puede llevar a que esa pareja entre en una cierta crisis conyugal. Una mujer por ese camino termina siendo frígida porque el hombre no sabe hacer las cosas bien.

La adicción a la pornografía, con más o menos intensidad y frecuencia, se ha convertido en una epidemia mundial. Últimamente se ha descubierto en algunos países de la Unión Europea una red de pornografía infantil y otra homosexual de enormes proporciones. La pornografía arruina vidas, matrimonios, familias, gente atrapada en estas redes de este drama oculto y enmascarado. Dos libros recientes nos abren los ojos: uno de Peter Kleponis, psicólogo americano, titulado *Pornografía: comprender y afrontar el problema*, muy bien estructurado y con mucha documentación estadística. Y otro de Tokumura, en donde analiza el tema en las redes: *La pornografía online,* que nos da una visión panorámica. Hay un gran negocio detrás de todo esto que destruye a la persona y la convierte en esclava.

Millones de niños y de preadolescentes están enganchados a esto, lo que cambia la óptica sobre la mujer, el amor, las relaciones íntimas y el verdadero sentido de una sexualidad sana. De esto no se habla casi en ningún sitio. ¿Cuáles son las principales repercusiones que tiene la pornografía a estas edades? Lo primero es la introducción en la sexualidad de forma brusca, sin una explicación adecuada por parte de los padres.

La sexualidad es un lenguaje del amor comprometido. Es una gran sinfonía en donde se hospedan lo físico, lo psicológico, lo espiritual y lo biográfico. Todo junto, sumado y a la vez. El sexo pasa de ser una *relación cuerpo-a-cuerpo,* de usar y tirar, epidérmico y superficial, a una *relación de persona-a-persona,* un encuentro profundo y solemne repleto de significado. La clave está en integrar la sexualidad en el proyecto común de la pareja. Y hacerlo con armonía. Las relaciones íntimas desempeñan un papel muy importante en la vida conyugal: es la entrega total. La pornografía juega un papel importante en el 70 por ciento de los divorcios y muchos de los integrantes de *las manadas de jóvenes con abusos sexuales* llevan años viendo pornografía y muchos de ellos son verdaderos adictos.

lección 6.ª

Diez reglas de oro para vivir en pareja*

El amor es artesanía psicológica

El amor en pareja tiene un alto porcentaje de artesanía psicológica. Pero hay una base que no debemos olvidar: *para estar bien con alguien hace falta estar primero bien con uno mismo*. Tener un cierto equilibrio psicológico es clave. Un apunte: los mitos de la palabra amor distorsionan la realidad. En el imaginario colectivo, ese término está lleno de promesas y se le exalta de tal manera que se olvida que *el amor es un trabajo, una tarea* a la que hay que nutrir de muy diversas maneras[1].

Enamorarse es decirle a alguien «no entiendo la vida sin ti, eres parte fundamental de mi proyecto». Enamorarse es tener hipotecada la cabeza y necesitar a esa per-

* Conferencia pronunciada en el Teatro Oriente de Santiago de Chile el 20 de junio de 2018.

1. Últimamente he dado diversos cursos de *Inteligencia Emocional* tanto en Europa como en Latinoamérica y el tema es de enorme actualidad.

sona. Es crear una mitología privada. Lo diría de otra manera más descriptiva: *el enamoramiento consiste en abrir la intimidad a alguien, enseñarle nuestra vida y milagros... y al mismo tiempo, que el otro te abra sus puertas*. Dos universos, dos historias se entrecruzan. *Encontrarse a sí mismo fuera de sí mismo*. El *amor* es la poesía de los sentidos, la *inteligencia* es la nitidez de la razón. Porque cuando el amor llega puede ser ciego, pero cuando se va es muy lúcido. En ese espacio se cuela mi artículo. Voy a exponer lo que para mí es *la alquimia del amor* y quiero ir pasando por cada una de estas reglas que propongo:

— *El amor hay que trabajarlo a base de detalles pequeños positivos*. Lo pequeño nunca es banal ni insignificante, sino al contrario, tiene un enorme valor porque hace la vida amable, llevadera. En la Psicología moderna se le llama a esto «intercambio de conductas gratificantes» que refuerzan ese amor. Cuidar esos pormenores hace que el amor no tenga fecha de caducidad. Por el contrario, el descuido sistemático de las cosas menudas en el amor lleva a un cierto abandono, que a la larga es su ruina. Y entra en juego el enemigo mortal que se lo lleva todo por delante: la *rutina*. De aquí se desprenden tres hechos clave para mantenerse enamorado: *admiración, respeto y complicidad*. Lo pequeño se hace grande. El cuidado sistemático de lo menudo lo hace fuerte y el descuido lo torna frágil.

— *No sacar la lista de agravios del pasado*. Este principio es importante. Poner todos los medios para no traer al primer plano el *repertorio de reproches*, ese inventario de anécdotas negativas que en momentos de tensión asoman, piden paso y tienen un efecto destructivo, demoledor[2]. Esa colección de recuerdos malos hay que tenerla encerrada en un cajón bajo llave. El que controla su lengua se controla en un 90 por ciento porque, el gobierno más importante es el gobierno de uno mismo, sabiendo que *la felicidad consiste en tener buena salud y mala memoria*. Ser capaz de superar las heridas del pasado significa buena inteligencia emocional. El amor se perfecciona con el perdón. Perdonar y olvidar es perdonar dos veces.

— *Evitar discusiones innecesarias*. En las parejas que funcionan bien casi no se discute. Han aprendido unas reglas mediante las cuales se sabe cuándo uno entra por un vericueto peligroso que consiste en enzarzarse en un debate que no conduce a ningún lugar positivo. En esos desacuerdos se dicen cosas fuertes, y muchas veces las discrepancias no son importantes pero se produce un enganche, la obstinación aparece y se genera una competición dialéctica[3] en donde

---

2. Mi experiencia clínica me lleva a afirmar que este segundo objetivo tiene una importancia clave. Saber olvidar es madurez afectiva. Y no guardar rencor, sabiduría.

3. En dos textos de gran interés en este sentido se insiste una y otra vez en este apartado. Luis Rojas Marcos, *La pareja rota*, Espasa, Madrid, 1998; y

aparecen cosas de ahora y otras de atrás, e incluso heridas ya cerradas. Rara vez de una fuerte discusión sale la verdad, pues suele servir más de desahogo y catarsis: quejas, acusaciones, agresiones verbales y por esa rampa deslizante se termina en un avispero de críticas recíprocas en el que la razón deja paso a la pasión y, a la larga, no se olvidan esas palabras duras. Dejan una huella dolorosa y un sabor a derrota. En tales casos, sugiero la utilización de mensajes cognitivos correctores[4] que frenan o cortan de raíz esa tendencia tan erosionante.

Las habilidades en la comunicación de la pareja

— *Conseguir habilidades en la comunicación interpersonal*. Aprender a dialogar con respeto y eficacia. Este es un terreno que hay que cultivar con esmero. Me abro paso entre masas de pensamientos intentando espigar lo esencial de este apartado: cuidar el *lenguaje verbal* (la magia de las palabras y sus efectos), el *lenguaje no verbal* (gestos, ademanes, silencios, etc.) y el *lenguaje subliminal* (que se camufla entre los dos

---

Aarón Beck, *Solo con el amor no basta,* Paidós, Madrid, Buenos Aires, 2001, que es más conductista y habla de la negatividad de las discusiones sin cuento que acaban con la vida de la pareja.

4. Se trata de una serie de sentencias cortas o frases bien elaboradas que esa persona se repite en esos momentos, interiormente, sin ruido de palabras, que le ayudan a frenar esto. Hace falta elaborarlas con el psiquiatra o el psicólogo para que realmente sean eficaces.

anteriores)[5]. Aprender a darle a las cosas que pasan la importancia que realmente tienen (de la propia pareja, de los hijos y de sus circunstancias). Se trata de una especie de *justeza de juicio* que lleva a valorar los hechos en una cierta justa medida. Y, por supuesto, aprender a remontar el típico día o momento malo, pasarlo cuanto antes por alto y no registrarlo. Y no hablar nunca de separación: nunca es nunca (ni como amenaza ni como desahogo). Es importante *adquirir el don de la oportunidad* para plantear un problema o algo complicado sabiendo buscar el momento más adecuado. El amor es arte y oficio, corazón y cabeza, saber combinar a la vez de forma armónica los instrumentos de la razón y las herramientas de la afectividad. No conozco nada más complejo que la convivencia en pareja, no hay nada (en mi opinión) que tenga tantas vertientes, matices y laderas en donde uno puede resbalar y tener problemas, roces o enfrentamientos. Por eso hay que estar bien preparado. Una buena formación hace que el edificio matrimonial no se tambalee.

— *Alcanzar una sexualidad positiva*. La sexualidad es el lenguaje del amor comprometido. Es un idioma

5. Recomiendo aquí dos textos bastante útiles: Jeffrey A. Kelly, *Entrenamiento en habilidades sociales,* Biblioteca de Psicología, Desclée de Brouwer, Bilbao, 2018, especialmente el capítulo dedicado a entrenamiento en habilidades en la conversación, páginas 139-153. Y A. Lazarus: *Behavior therapy and beyond,* McGraw-Hill, Nueva York, 2014. Este es un clásico y hay mucho contenido a este respecto.

íntimo que requiere encontrar sus claves para que ambos sepan disfrutar de esa gramática misteriosa y concreta. Es la parte física del amor. *Cantidad y calidad,* o lo que es lo mismo, *frecuencia e intensidad.* La sexualidad es un termómetro que mide muchos ingredientes de la vida conyugal: hay comunicación, hay un proyecto de vida en común, una capacidad para superar las dificultades de la vida ordinaria, la alegría de sacar adelante a la familia y un crecimiento equilibrado de los dos con el paso de los años. Todo eso y más se refleja de alguna manera aquí. Las relaciones íntimas desempeñan un papel muy importante y el hecho de que funcionen bien es fruto de aprendizajes sucesivos, de acuerdos y acercamientos. Es la entrega total. Se trata de integrar la sexualidad a ese programa en común. Es una gran sinfonía con cuatro grandes partituras: física, psicológica, cultural y espiritual. Todo junto sumado y a la vez. *La ternura es el ungüento del amor*. Evitar todo lo que suene a monotonía. Y, además, si hay comunicación, diálogo, capacidad para perdonarse y volver a empezar, la sexualidad marchará sola, sin problema.

— *Voluntad, inteligencia y sentimientos*. Saber este punto es el *fundamento* de todo el edificio. Me explico. Uno de los grandes errores de la Psicología del siglo XX ha sido pensar que el amor es sobre todo un sentimiento y que este va y viene y es difícil apresarlo, fijarlo, centrarlo. ¡Qué equivocación tan seria! El amor verdadero es *un acto de la voluntad,* que significa *la determinación de trabajar el amor elegido* poniendo todos los medios a nuestro alcance. En los amores inmaduros la voluntad brilla por su ausencia y todo está al pairo de los vientos exteriores. Además, *el amor es un acto de la inteligencia*, lo que quiere decir, en lenguaje coloquial, *saber llevar a esa persona*, utilizando la cabeza y la experiencia *pero sin que pierda esa relación frescura y lozanía*. Fijarse, tomar nota, aprender de circunstancias complicadas a evitar caminos inadecuados o meterse en complicaciones absurdas. *El amor es de entrada un sentimiento fuerte,* de atracción física y psicológica. Los sentimientos son *perfectibles y defectibles*. Lo cual quiere decir que si uno se afana en mantenerlos y pone esfuerzos repetidos en positivo se mejoran. Y, por el contrario, si se les descuida y abandonan, van a peor y aparece antes o después el desamor. Trilogía fuerte, consistente, sólida, cada uno con su propio ámbito pero se adentra en el espacio del otro: *voluntad, inteligencia y sentimiento*. La obra bien hecha permanecerá: hacer de nuestro amor una obra lograda.

Amor y espiritualidad

— *Compartir una espiritualidad vivida*. Se mezclan aquí lo natural y lo sobrenatural, lo físico y lo metafísico, lo horizontal y lo vertical. En una palabra: lo humano y lo divino. Se trata de *una filosofía común,* un sentido de la vida fuerte que a la larga va a ser cemento de unión de esa pareja ante los avatares de la vida. Vuelvo al punto anterior y lo retoco: *el amor maduro debe ser una tetralogía en la que conviven en una cierta armonía los sentimientos, la voluntad, la inteligencia y la espiritualidad.* Cada uno debe encontrar aquí las mejores respuestas. La mujer hace más humano al hombre y también lo hace más espiritual. Esto tiene muchas ramificaciones. Dice un poeta español del Siglo de Oro: «Volé tan alto, tan alto, que le di a la caza alcance». La cultura y la espiritualidad son la estética de la existencia. *La sabiduría permanece, no se hace vieja.* Tener respuestas a los principales interrogantes de la vida es esencial. Dice Zygmunt Bauman que vivimos tiempos líquidos[6] en donde casi no hay territorios sólidos, firmes.

— *Evitar horas o días sin hablarse.* Hay parejas en las que uno de los miembros, tras una fuerte discusión o desencuentro, abandona la comunicación verbal y no verbal. Si pasamos de horas a días, el tema se vuelve serio, de mucha gravedad, pues durante ese tiempo son frecuentes las ideas y pensamientos y recuerdos negativos que circulan por la mente y dan lugar a una especie de monólogo interior que va a ser muy nega-

6. Zygmunt Bauman, *Tiempos líquidos,* Tusquets, Barcelona, México, 2008. Todo se mueve, oscila, sube, baja, vuelve... En un mundo tan cambiante es fácil perderse, se han globalizado hasta los sentimientos y hemos pasado de un estado sólido a otro líquido. Esto tiene importantes repercusiones personales y sociales.

tivo. En tales situaciones el más generoso es el que rompe esa distancia y con un gesto mínimo o una palabra acertada reinicia el diálogo. He tenido en mi experiencia parejas que han estado semanas sin hablarse y por esa rampa deslizante vamos hacia lo peor. En mi experiencia de terapia de pareja este punto es de mucho interés[7].

— *Combatir la tendencia a corregir al cónyuge.* Puede ser en *público* o en *privado.* Se da más en la mujer que en el hombre y asoma una expresión que he oído muchas veces con el nombre de «la gran corregidora»; la típica mujer que no puede evitarlo y que con mucha frecuencia le dice a su marido que ha hablado mucho o que ha contado alguna cosa o anécdota pero no como realmente fue, o que en una comida ha bebido demasiado, etc. Por supuesto, puede suceder igualmente del hombre a la mujer. En cualquier caso, esto traduce una enorme falta de habilidad conyugal que antes o después dejará una estela negativa y un regusto nocivo.

— *Valorar los hechos con ecuanimidad,* con moderación, con equilibrio, no convirtiendo los problemas en cosas casi insuperables o durísimas o en dramas históricos. Ya he hablado en otros capítulos de este libro de esto y es una habilidad práctica que evita momentos de gran dureza.

---

7. En mi libro *El amor: la gran oportunidad,* Planeta, edición especial Madrid, Panamá, 2019, he insistido ampliamente en este apartado.

En este capítulo no regalo los oídos a nadie. El mejor amor es exigente y lo pide todo. Estos diez puntos son una *pedagogía del amor* que quiere ser elaborada con materiales resistentes, sin fecha de caducidad. No hay amor sin cultura, y cultura es saber, conocer, aprendizajes sucesivos.

Caso clínico: cuando se agolpan las adversidades

Mujer de cuarenta y dos años, abogada, que trabaja en un despacho de unas trescientas personas, incluyendo secretarias. Viene por primera vez a la consulta y nos cuenta lo siguiente: «Es la primera vez que voy al psiquiatra, siempre he sido muy racional y he pensado: "cuando yo tenga algo psicológico, iré al psiquiatra sin dudarlo". Y aquí estoy. La verdad es que no sé por dónde empezar... Me han sucedido cuatro cosas que me han dejado muy afectada. Lo primero es que hace un año nos hemos enterado de que mi padre, después de muchos años de casado, tiene una amiga; el descubrimiento lo hizo mi madre por el teléfono móvil y estoy destrozada; se ha ido de casa y mi madre está hundida. Lo segundo es que a mi hermano preferido, que es ingeniero y que llevaba dieciséis años casado, le dice su mujer que se ha cansado de él y se acaban de separar. Lo tercero es mi marido, al que quiero mucho, con el que llevo quince años casada y al que quiero y admiro. Ocurre que el otro día le cogí su cartera porque necesitaba dinero y en ella encontré unas tarjetas de "masajes orientales" y vi que tenía varias citas en su agenda... Me quedé tan sorprendida que llamé a este sitio por teléfono diciendo que era su secretaria y me dijeron que ya tenía cita para la semana siguiente... Me quedé muda, no me lo podía creer... Se lo dije enseguida a mi marido y él me dijo que era verdad y que "se aficionó a esto" durante mi último embarazo porque "cuando tú estás embarazada no me atraes físicamente, perdona que te lo diga, pero lo siento así". Y la cuarta cosa que me ha sucedido es que una persona de mi trabajo a la que estoy muy unida ha intentado suicidarse».

Esto tiene un nombre clínico: *reacción adaptativa depresiva*. Que significa una respuesta psicológica presidida por la tristeza ante una serie de acontecimientos negativos fuertes, concretos, tangibles y bien delimitados.

El tema del marido lo hemos enfocado de la siguiente manera. Hoy, la pornografía y el sexo llenan muchos espacios de la vida moderna. Le digo a ella que casi el 70 por ciento de Internet es pornografía. Y que su marido durante el embarazo necesita relaciones íntimas y ambos deben poner de su parte para que esto funcione. He hablado con ambos y les he trazado un *programa de objetivos psicológicos*, lógicamente por separado, en donde ella sea capaz de perdonarle y cuidar las relaciones íntimas. Y al mismo tiempo les he dado pautas de conducta para mejorar en la comunicación interpersonal. Dos meses después «del incidente», todo ha vuelto a su calma.

Con respecto a los otros tres temas, le he comentado lo siguiente. La infidelidad de su padre es grave porque su figura se ha deteriorado y sería bueno que ella pudiera hablar con él y ver si se puede reconstruir la relación conyugal.

Por lo que respecta a su hermano, hemos iniciado una terapia de pareja y, a pesar de la resistencia de ella, hemos tenido una serie de entrevistas, pero el pronóstico es malo. Ella nos dice textualmente: «Me he desenamorado de mi marido, no le quiero... Se lo voy a decir más claro, doctor Rojas, se fue el amor; no sé cuándo ocurrió, pero desapareció y usted no querrá que viva con un hombre del que no estoy enamorada...».

Vuelvo a lo que he dicho en las páginas que preceden de este capítulo: *el amor hay que cuidarlo con esmero de artesano*. El descuido de las cosas pequeñas en el amor es su ruina. El hermano de nuestra paciente reconoce que él se había abandonado, que se había volcado mucho en su trabajo y que solo tenía tiempo para trabajar.

El intento de suicidio de su compañera de trabajo es consecuencia de un tipo de vida en donde casi todo es trabajo y trabajo y soledad... Le he explicado a ella que le cuente lo importante que es cultivar aficiones y amistad... y tener tiempo para uno mismo.

Caso clínico: se acabó el amor

Estamos hablando de un hombre de cincuenta y un años, economista, padre de tres hijos de diecisiete, trece y nueve años. Trabaja en una empresa de exportación. Le digo: «Toda persona que va por primera vez al médico o al psiquiatra en nuestro caso, hay tres preguntas claves que clásicamente se las llama *hipocráticas* y que son las siguientes: ¿qué le pasa?, ¿desde cuándo?, y ¿a qué lo atribuye?». Y él me responde:

«Vengo porque me voy a separar de mi mujer, llevo casi veinte años casado y los primeros ocho o nueve años han ido muy bien. Luego hemos entrado en una relación rutinaria, hemos ido tirando y desde hace unos cuatro años yo me he ido enfriando... Me han pasado muchas cosas que quiero explicarle para que usted tenga todos los datos en su mano».

Observo que habla con pasión, de forma acelerada, con ganas de contármelo todo, pero con detalle, con anécdotas para que no falte ningún dato sustancial. Y continúa: «Me casé muy enamorado de mi mujer, yo le llevo cinco años y me atraía mucho físicamente pero también su forma de ser, su personalidad... ella llamaba la atención».

«Mi mujer es médico y trabaja en un hospital en donde todos me dicen que tiene mucho prestigio. Es dermatóloga. El problema es que yo he estado en tres ocasiones en paro: una vez tres años, otra vez unos meses y últimamente dos años más... y eso ha sido muy duro para mí y en esas circunstancias yo tengo que reconocer que he sido muy duro con ella y muchas veces me desahogaba diciéndole cosas negativas o metiéndome con ella o discutiendo sin parar por cosas del día a día. Desde hace más de dos años no tengo relaciones sexuales con mi mujer... No ha sido una cosa rápida, sino poco a poco, y nos hemos ido distanciando en esto y en otras cosas... Le repito que el haber estado en paro me ha marcado mucho. Bueno, le sigo contando... Hace como un año y medio, un amigo con el que pasé algunos veranos juntos cuando éramos solteros, me dijo: "Te manda recuerdos aquella chica con la que saliste un verano, me la encontré en una fiesta y se interesó por ti". Y yo, no sé qué cosa se movió dentro de mí que removí Roma con

Santiago para enterarme de su teléfono, la llamé y quedamos en vernos. La invité a comer y estuvimos muchas horas hablando y recordando viejos tiempos y me quedé embobado oyéndola... A raíz de ese día nos vimos varias veces y en este momento le puedo decir que pienso mucho en ella... Ella sigue casada, tiene dos hijos. El otro día cené con ella y yo estaba como en una segunda juventud. No sé, doctor Rojas, si usted me entiende o si le he explicado bien lo que está pasando... Pienso que debí casarme con ella, pero los dos éramos muy jóvenes y no teníamos experiencia... No sé, ¿qué le parece todo lo que le cuento?, ¿usted qué me aconseja?».

Se agolpa la información que él me transmite. Le pregunto por su estado de ánimo actual y por lo que siente por su mujer y madre de sus tres hijos: «De ánimo me encuentro inestable, es a días... De pronto estoy más o menos bien y en un momento me vengo abajo, son como picos... A mi mujer la quiero, pero yo creo que me he ido distanciando de ella... No sabría expresarlo bien pero es como si fuéramos dos amigos o compañeros de clase...».

He hablado con ambos por separado y hemos iniciado una *terapia de pareja*, les he pedido a ambos que me digan qué le piden al otro para intentar que se acerquen poco a poco... Pero lo primero, de entrada, es que él deje de tener relación con su amiga de juventud.

Y continúa: «A mis hijos los quiero muchísimo y tengo con ellos muy buena relación. Ahora la mayor se ha dado cuenta de lo que está pasando y en varias ocasiones me ha dicho: "Papá, mamá es lo mejor, últimamente veo que habláis poco, te veo más frío con ella y me da mucha pena... Veo que algunas compañeras mías de estudios sus padres se han separado y no sabes lo que todos sufren por eso..."».

Le damos una cita a la mujer y, como se suele decir en el lenguaje coloquial, hay que oír las dos versiones. Ella nos dice: «Mi marido ha sufrido mucho con sus tres momentos de paro laboral y eso le ha humillado; en el segundo y el tercero él fue muy duro conmigo, me trató con desprecio y me dijo cosas muy fuertes que yo he tratado de olvidar porque le sigo queriendo, pero me ha contado que ha aparecido una antigua novieta suya y que se siente atraído por ella y yo quiero recuperarlo para mí si eso es posible. Estoy triste y veo que la vida pasa y que mi matrimonio se puede ir a pique y me da mucha pena... Yo estoy dispuesta a hacer todo lo que pueda. Doctor Rojas, ¿usted cree que llegamos a tiempo de arreglarlo?».

Ella me ha parecido una persona mucho más madura que él psicológicamente y está dispuesta a pasar las páginas negativas para volver a empezar. Después de venir ambos a consulta les pido que me respondan al siguiente cuestionario, cada uno por separado como es lógico, que lo hagan más bien extenso, con detalle y estas son las preguntas que les formulo:

— ¿Cuáles son las principales áreas de conflicto entre ustedes clasificadas de más a menos importantes?
— ¿Qué le *quitaría* a la forma de ser de su marido y qué le *añadiría* para mejorar su relación de pareja? (Decir cosas muy concretas).

— ¿Qué le *quitaría y/o añadiría* a su mujer para mejorar su relación?
— ¿Hay algún hecho o vivencia del pasado que le cueste perdonar y/o olvidar de su marido o su mujer?
— Información complementaria: cosas de cierta importancia que no han salido en los cuatro puntos anteriores.

He iniciado un *programa de conducta conyugal* en donde he conseguido que ambos se impliquen y pongan de su parte para *volver a empezar.* Al principio ha sido costoso, pero después todo ha ido a mejor, poco a poco, y en ese *programa* han aparecido objetivos concretos que ambos han ido trabajando.

A él lo que más le ha costado es dejar el contacto con esa otra mujer que fue una antigua novia de juventud. Le explico lo siguiente: «Tú la has idealizado, no solo a ella, sino a ese periodo de tiempo juvenil en donde todo el marco es súper romántico... Y es romper un matrimonio que funciona más o menos bien porque tú has fomentado una nueva ilusión con ella... Es una especie de *reacción juvenil pero poco madura afectivamente*».

Ha sido una reconstrucción de los sentimientos para ambos laboriosa, gradual, progresiva pero que ha ido produciendo sus frutos. Ha sido clave la confianza que han tenido en el terapeuta. Hoy bien puedo decir que la pareja sigue un camino de unión y ambos van avanzando en comunicación y complicidad. No ha sido fácil, pero el resultado es bueno.

lección 7.ª

La inmadurez sentimental del hombre de hoy, que no de la mujer*

El mundo de los sentimientos

La vida consiste en un aprendizaje continuo. Una de las piedras angulares de la educación es tener conciencia de las propias limitaciones. La cultura abarca muchos campos que se abren en abanico en distintos terrenos. Vengo observando desde hace cierto tiempo un fenómeno que me llama poderosamente la atención: *la falta de madurez afectiva* en hombres jóvenes que van desde los veintitantos años largos

* Parte de estas ideas fueron expuestas por mí ante universitarios japoneses que estudiaron en el IESE (Instituto de Estudios Superiores de la Empresa) de Barcelona, en el Palace Hotel de Chidoya-ku, Tokio, el 16 de agosto de 2017. En Japón la adición al trabajo es casi como una religión, sobre todo en el hombre, y el aspecto sentimental aparece muy en tercer plano. El hombre se divorcia rellenando un formulario *(rikon todoke)* firmado por la pareja y dos testigos, y el matrimonio se disuelve rápidamente. El 90 por ciento de las parejas se divorcian de esta manera buscando un acuerdo para el reparto de bienes y patria potestad de los hijos. No es necesario un juez, sino un tribunal de familia. Al hombre japonés le cuesta entender el mundo emocional debido a la pasión exagerada que siente por el trabajo.

en adelante y que no saben gestionar de forma sana el mundo de las emociones.

La educación sentimental es una pieza clave de la cultura. Difícilmente una persona podrá alcanzar un adecuado desarrollo psicológico si no sabe educar y enfocar de forma sana los sentimientos. Vivimos en una época de intensa incultura afectiva en el hombre (que no en la mujer) que se manifiesta de modos muy diversos: infidelidad de muchas parejas, consumo de sucedáneos sentimentaloides, amores ficticios, relaciones frágiles que se rompen y se recomponen y se vuelven a romper, rupturas traumáticas, amores eólicos y mucho desamor en nuestro entorno.

Los sentimientos son una base importante de nuestra existencia. Nuestra primera aproximación a la realidad es afectiva: «esto no me gusta», «aquello no me cae bien», «me dio mala impresión...» son frases que decimos en el lenguaje coloquial. Tengo que hacer la siguiente afirmación antes de seguir adelante: *la mujer sabe mucho más de la afectividad que el hombre,* conoce ese campo, lo cultiva y lo sabe expresar de forma más clara y eficaz. Esta característica tiene dos raíces: una *biológica,* ya que la mujer transmite la vida y la posibilidad del embarazo la marca; otra *cultural,* en Occidente casi toda la educación afectiva la ha realizado la mujer y en los últimos años esto está cambiando. El hombre está en otros temas (la actualidad política y/o económica, su trabajo profesional, la transmisión de los valores profesionales, lo deportivo y un largo etcétera). De tal manera que se ha ido produciendo en los últimos años una marcada *socialización de la inmadurez sentimental del hombre* que es casi un escándalo en la falda de este siglo XXI; hombres que solo quieren pasar el rato con una mujer, divertirse, pero que huyen ante cualquier cosa que huela a compromiso. El tema de la pornografía ha tenido una enorme importancia; esto le ha dado un giro copernicano, pues desde hace unos años el acceso al sexo fácil e inmediato es una realidad.

El mapa del mundo sentimental produce choques y enfrentamientos frecuentes. Unos son plácidos, otros producen temor e incertidumbre, otros gratifican con su presencia. No es una materia de corte matemático, sino que tiene profundas raíces psicológicas y presenta una amplia gradación de tonos y colores. *El objetivo de la educación sentimental es lograr un buen equilibrio entre corazón y cabeza, entre lo afectivo y lo racional.* En el siglo XVIII la *Ilustración* produjo la entronización de los instrumentos de la razón. En el siglo XIX el *Romanticismo* dio paso a la exaltación de las pasiones y de la emotividad. A lo largo del siglo XX el mundo racional y el afectivo han estado a la gresca y solo al final del mismo se han intentado aunar ambas constelaciones; es lo que Goleman llamó la *inteligencia emocional*, conjugar de forma armónica ambos ingredientes.

En la novela *Climas,* André Maurois describe a su protagonista, Phillipe de Marcenant, como un joven sensible, observador, que se enamora perdidamente de Odile, una jovencita de belleza etérea, desdibujada, huidiza y de psicología frágil. Phillipe idealiza en exceso a esa muchacha y cuando viene la realidad del día a día, bastante más prosaica, aparecen las desavenencias, los momentos malos, la falta de diálogo, los silencios prolongados, la lista de reproches... Es un claro ejemplo de analfabetismo afectivo. Para vivir en pareja y que eso funcione hay que tener una preparación psicológica adecuada y conocer cómo funciona la convivencia y sus principales reglas.

Las manifestaciones de esta *incultura* quiero clasificarlas en los siguientes apartados.

Síntomas de esa inmadurez afectiva

Voy a tratar de hacer un análisis descriptivo, señalando sus principales manifestaciones con el fin de espigar lo que es más esencial.

Miedo o pánico al compromiso. Muchos jóvenes de hoy salen, entran, se relacionan, pero cuando se les plantea que todo eso aterrice en un compromiso sólido reaccionan con miedo, ansiedad, gran desasosiego... O pánico o temor enorme a que eso no funcione y salen huyendo. *Solo quien es libre es capaz de comprometerse*. He hablado desde hace ya un cierto tiempo del *Síndrome de SIMON:* cuyas siglas corresponden a *soltero, inmaduro en lo afectivo, materialista, obsesionado con el trabajo y narcisista*. Estos son sus cinco síntomas. Debajo de ellos se esconde, se camufla, el *pánico al compromiso:* un miedo intenso a decirle a una mujer que sí, que quiere compartir con ella su vida. Hoy esto se ha popularizado y en el caso que expongo a continuación es bien patente.

Caso clínico: miedo/pánico al compromiso

Viene a la consulta un hombre de treinta y nueve años, soltero, que trabaja en una entidad bancaria. Es licenciado en Económicas. Y me cuenta: «Vengo porque estoy deprimido desde hace unos meses. Vivo solo en un apartamento, me emancipé de mis padres hace unos cinco años y trabajo en una entidad financiera fuera de España. Hace dos años volví a España y tengo un puesto que me gusta y al que dedico unas doce horas al día...Vengo porque he salido durante más de un año con una chica de treinta años a la que finalmente he dejado. Todo empezó poco a poco, la conocí en una boda y ella me llamó varias veces, tomó la iniciativa... A mí me gustaba mucho físicamente y me atraía su personalidad: abierta, comunicativa, muy simpática... Poco a poco las cosas iban bien».

Estamos ante una persona más bien introvertida, con pocas habilidades sociales, algo inseguro y con tendencia a darle muchas vueltas en la cabeza a todo. Y sigue su información: «Durante el año que hemos salido yo me sentía bien, pero el problema ha sido que ella me ha planteado que quiere casarse y que, si nuestra relación es buena, lo normal es que nos casemos... Y esto a mí me ha afectado mucho porque he sentido ansiedad, miedo, temores... He dormido mal, reconozco que no me lo esperaba y esto me ha dejado muy bajo de ánimo».

La entrevista con él me dice a las claras lo que he apuntado en este principio de capítulo: *miedo al compromiso.* Cuando hablo con él despacio y en profundidad me lo reconoce, pero, lógicamente, él lo llama de otra manera: «Yo estaba bien con ella, pero creo que no estoy preparado para casarme. A mí el matrimonio me produce mucho respeto porque una cosa es una buena amistad con una chica y otra casarme con ella. No lo he visto claro y esto ha provocado una reacción muy negativa en ella, me ha dicho cosas fuertes y duras y esto me ha hundido... Ahora me siento mal y necesito ayuda y que me orienten».

El *miedo al compromiso afectivo* se manifiesta con miedos que se deslizan hacia la ansiedad y en el caso que nos ocupa el correlato somático ha sido muy claro: «Tengo pellizco gástrico, dificultad respiratoria o sensación de falta de aire y estoy todo el día nervioso, como tenso y no me quito de la cabeza todo lo que ella me dijo... Eso me ha dejado roto».

Me dice: «Doctor Rojas, ¿qué me pasa a mí?, ¿cómo se llama lo que yo tengo? Yo siempre he sido una persona muy centrada en mi trabajo y mis cosas». Él tuvo otra relación afectiva a los treinta años, intermitente, porque «salimos durante un par de años pero lo dejamos muchas veces y lo volvimos a tomar. Ella tenía un carácter muy fuerte y mi madre me aconsejó que cortara. A raíz de esto me quedé muy escarmentado y le he cogido miedo a las mujeres... No sé como explicárselo».

Le digo: «Tú tienes dos cosas. La primera es una *inmadurez afectiva,* o sea, un desfase entre la edad cronológica y la edad sentimental. Debajo de eso tú tienes un *Síndrome de pánico al compromiso.* Y como consecuencia de esto y tras la ruptura con esta chica tienes lo que en la American Psychiatric Association se define como un *Trastorno adap-*

tativo ansioso-depresivo como resultado de todo lo que has vivido en esta relación tan tóxica y negativa. Tienes dos síntomas muy evidentes: ansiedad y un fondo depresivo mezclados.

En su tratamiento, además de pautarle una medicación, sobre todo ansiolítica, hemos iniciado una psicoterapia partiendo de su diagnóstico, que es no saber gestionar el mundo de los sentimientos.

La inmadurez afectiva se puede asociar con un buen nivel profesional. Se trata, por tanto, solo de un bajo nivel de conocimiento y manejo de ese campo. Son buenos profesionales, médicos, ingenieros, arquitectos, abogados o gente con profesiones no universitarias que se desenvuelven bien en sus tareas pero que, paradójicamente, saben muy poco de la afectividad. Les cuesta amar, querer en el sentido de entregarse y tratan de aplazar cualquier vínculo o unión. Pasarlo bien pero sin otras miras.

Va apareciendo de forma gradual una cierta *incapacidad para expresar sentimientos*. Los sentimientos aparecen mediante el lenguaje verbal (las palabras), el lenguaje no verbal (los gestos), el subliminal (que se cuela entre los dos anteriores), el epistolar (escribir pequeñas notas de amor... Esto ya es para nota) y en los lenguajes modernos de las redes sociales. A esa dificultad para darse cuenta de lo que uno siente se le llama hoy *aleximitia* (palabra latina que procede de *a:* partícula negativa; *lexos:* lenguaje; *timia:* afectividad): no saber o no poder expresar afecto. Esa es a la larga una limitación psicológica bastante seria. Este tipo de hombre que la padece *se centra casi exclusivamente en el trabajo*. Se va produciendo en él una hipertrofia profesional que a menudo se desliza hacia la *adicción al trabajo:* no tener tiempo más que para trabajar.

Trabajar y ganar dinero, esos son los dos objetivos. Por ese derrotero esta persona utiliza lo emocional como divertimento, pasar el rato, un entretenimiento sin más... Como una exploración de sí mismo como telón de fondo. Viene aquí lo que he mencionado antes, el *síndrome de SIMON,* (*soltero, inmaduro en lo afectivo, materialista, obsesionado con el trabajo y narcisista)*. Y debajo de este se camufla un *pánico al compromiso*. El caso que acabo de sintetizar en páginas anteriores es un claro exponente de ello.

Narcisismo y egoísmo

Siguiendo este curso de ideas, esa persona se encamina hacia una mezcla de *egoísmo* y *egolatría*. Pensar solo en sí mismo y tener una idolatría de su yo. Todo se centra en progresar profesionalmente, en adquirir una adecuada posición económica y disfrutar y pasarlo bien. Todo se queda ahí. Se han evaporado los valores humanos y la palabra amor se diluye en encuentros sexuales puntuales, pasajeros, en donde esa persona se busca a sí misma una y otra vez. Es la *magia de lo efímero*. Todo se torna intrascendente. No hay cabida para un amor auténtico. Es el monumento al individualismo.

Todo ligero, sin calorías. Es la vuelta del *hombre light* con otros ropajes. *El hedonismo y la permisividad* se sitúan en primer plano: el placer y el todo vale. Ese joven que describo se mueve en esas coordenadas y de ahí se desprenden, desgajados, el *consumismo* y el *relativismo*. Un ser humano de poco valor que termina cayendo sin darse cuenta en un gran *vacío interior;* sin moral, sin valores, es la ética indolora. *Es la absolutización de lo relativo.*

El hecho de *no conocer lo que son los sentimientos,* es decir, no tener una cierta formación en el terreno de la afectividad se manifiesta mediante conductas inadecuadas, miedos, no saber cortar una relación que se ve que no va a funcionar y, por supuesto, no saber elegir a la persona adecuada. Uno de los puntos clave es explicárselo a este tipo de persona y hacerle ver cómo puede mejorar esto; para ello las figuras del psicólogo y del psiquiatra son prioritarias y quienes van a enseñarle las claves de todo esto. Otro aspecto es la *biblioterapia,* sugerirle libros claros y con criterio que le ayuden a captar todo lo que significa el mundo afectivo y cómo expresarlo y reconocerlo.

La persona verdadera necesita un amor auténtico: ese debe ser uno de los grandes argumentos de la existencia, incluso en los tiempos livianos en los que nos ha tocado vivir.

lección 8.ª

Acertar en la elección afectiva: observaciones de interés*

Dar en la diana

A lo largo de las páginas de este libro he hablado de algún modo de este tema, pero ahora quiero matizarlo más. *El amor debe ser el primer argumento de la vida al lado del trabajo*. Ambos forman una pareja decisiva. Sobre la palabra *amor* he dicho muchas cosas en este texto. El que no sabe es como el que no ve. La ignorancia en los sentimientos propios dejará unas secuelas graves.

La primera cuestión que debo plantear aquí es la importancia de *tener un modelo aproximado del tipo de persona que uno busca*. En el frontispicio del templo de Apolo en Grecia había una inscripción que decía: «Conócete a ti mismo». Era como un principio de sabiduría.

---

* Conferencia pronunciada y compartida con la psicóloga Isabel Rojas Estapé en el Conferentieoord Zonnewende de Amsterdam, los días 9 y 10 de noviembre de 2019, dentro de un curso de Inteligencia Emocional y Amistad.

Miguel de Cervantes, en el capítulo XXI de *El Quijote* nos cuenta las bodas de Camacho y nos dice: «El que acierta en el casar ya no le queda en qué acertar». Y a la vez don Quijote nos dice lo siguiente sobre las estrategias en el amor: «Advertir que el amor y la guerra son una misma cosa y, así como en la guerra es cosa lícita y acostumbrada usar de ardides y estratagemas para vencer al enemigo, así en las contiendas y competencias amorosas se tienen por buenos los embustes y marañas que se hacen para conseguir el fin que se desea, como no sean en menoscabo y deshonra de la cosa amada». Los *medios* para alcanzar el amor deseado, vienen a decir muchos, casi todos son válidos con tal de alcanzar el *fin* deseado.

En el amor hay física y química, atracción externa y complicidad. Lo he dicho en páginas precedentes: *el hombre se enamora por la vista y la mujer por el oído*. Al hombre la mujer le entra por los ojos: es la belleza, la apariencia, el cuerpo y todo el conjunto físico lo que de entrada llama la atención; luego vendrá lo demás. En la mujer se sigue un recorrido distinto. Pero es sorprendente cómo los seres humanos nos equivocamos al elegir el amor de nuestra vida. ¿Cómo puede suceder que, siendo una decisión tan fundamental, que marca la biografía, tanta gente se equivoque y escoja mal? ¿Dónde está la clave para dar en la diana de lo que es mejor para uno? Voy a trazar una serie de líneas esenciales para que esto se lleve a cabo de la mejor manera posible, sin olvidar que el mundo sentimental es un mar sin orillas y a la vez está repleto de matices y son muchas las situaciones y cambios y oscilaciones que pueden darse dentro de él y que lo hacen proteiforme, desdibujado, impreciso, de contornos mal definidos.

El amor es la poesía de los sentidos; la inteligencia, la nitidez de la razón. Son dos variables clave: el sentimiento y la razón forman un compendio esencial para elegir a la persona más adecuada. Lo que está claro es que el amor consiste en la necesidad de salir de uno mismo. La razón debe guiar al sentimiento buscando lo mejor. Pero eso es difícil cuando una persona es joven y no tiene perspectiva y capacidad de ver más allá de un cierto deslumbramiento propio del enamoramiento. Voy a enhebrar mis argumentos porque es posible un amor para toda la vida si las bases son sólidas.

De entrada es importante *conocerse uno a sí mismo*. No se trata de tener un conocimiento exhaustivo de uno mismo, lo cual es tarea propia de psicólogos y psiquiatras, sino de algo más sencillo y a la vez de cierta hondura: conocer las *aptitudes* y las *limitaciones*. Aquellas cosas para las que uno está dotado y en las que funciona bien, con cierta soltura y dominio de ellas. Y por otro lado saber las debilidades, fallos y limitaciones sin exagerarlos ni minimizarlos. Esto nos hace realistas con nosotros mismos. Eso nos produce un estado de paz, de serenidad, que significa *estar en la realidad* o, dicho en un lenguaje más llano, tener los pies en la tierra. A muchos de nuestros pacientes jóvenes que nos consultan sobre la persona con la que salen les sugerimos que se formen en este sentido con libros que les ilustren y a la vez establecemos un diálogo con ellos[1].

Otro punto es *saber lo que uno quiere*. Dicho de otro modo: *tener ideas más o menos claras sobre lo que uno busca*. Está claro que la realidad desbordará a la teoría. El que ama la cultura, el arte y tiene una curiosidad intelectual quiere alguien que tenga estudios universitarios, que le guste leer y todo lo que de ahí se deriva. El que ama el deporte y la vida en contacto con la naturaleza quiere a alguien que aprecie eso. El que tiene unas creencias sólidas busca una persona que tenga ideas y valores más o menos similares. El problema surge cuando no se dan esas ideas claras previas y ni se las plantea; en consecuencia, las cosas surgen de forma espontánea, imprevista. Viene bien aquí la siguiente anécdota psicológica.

Anécdota psicológica: amores no deseados

Una alumna de la universidad me aborda a la salida de clase y me dice: «Quiero hacerle una consulta muy personal. Sigo sus clases con atención y estoy leyendo su libro *El amor inteligente*. ¿Podríamos tomarnos un café en el bar de la facultad?». Accedo a ello (hablamos de una chi-

1. En mis conferencias en Amsterdam (9 y 10 de noviembre de 2019)para jóvenes y personas maduras, he podido comprobar que, aun siendo un ambiente muy distinto del mío, Madrid, los asistentes estaban muy interesados en este punto: a*certar en la elección afectiva* sigue siendo un asunto capital, decisivo, que marca de por vida una biografía. Muchas preguntas y observaciones vinieron de este apartado. Hay una expresión inglesa en este sentido que es *hitting the mark* y que es muy común en el lenguaje coloquial americano: *acertar en la elección afectiva, dar en la diana.*

ca de veintitrés años, en quinto de Medicina, buena estudiante, a quien veo a diario en mis clases y que toma apuntes de casi todo...) y me cuenta: «He salido dos días con un chico de veintinueve años, licenciado en Ciencias Económicas y al que en el grupo le suelen llamar "El guapo". Es divertido, simpático, un auténtico relaciones públicas... Me ha pedido salir y es encantador... Yo soy una persona muy religiosa, lo he aprendido en mi casa. Somos seis hermanos y mis padres nos han transmitido unos valores fuertes, pero no me ha dado tiempo de enterarme cómo es esa persona en ese tema... ¿Qué hago?, ¿qué me aconseja?».

Le digo esto: «Antes de que te enamores de él, lo que significa que empieces a tenerlo en tu cabeza y pienses mucho en él y lo idealices... antes de que eso pase, explora ese tema de forma clara o de forma enmascarada haciéndole preguntas directas o indirectas sobre ese tipo de cuestiones. Mira —le digo—, muchos fracasos sentimentales provienen de aquí, de que la base de ambos es muy diferente y luego reconstruir eso no es fácil, suele ser un debate arduo, costoso... Es preferible que sigas está línea y ya hablaremos más adelante». Hablo de una estudiante físicamente muy atractiva y a la vez con muchas inquietudes, pues me pide que le recomiende un libro sobre nuevos avances en el tratamiento de las depresiones.

Pasan unas semanas y me aborda a la salida de clase, nos tomamos unos cafés juntos y me dice textualmente: «Doctor Rojas, he seguido sus indicaciones y sin que él se diera cuenta, pues no fui nada directa, le hice una serie de comentarios sobre terceras personas, sobre asuntos de actualidad y me he hado cuenta de que, aunque me atrae mucho físicamente, no tiene mis valores ni por asomo; es muy *light*, a él casi todo le parece bien, no tiene formación en valores y está instalado en esas dos cosas que he leído en alguno de sus libros: la *permisividad* y el *relativismo*. Para él todo vale. Y me insiste en que lo importante es ser feliz, sentirte bien… y nada más. He dejado de salir con él antes de que me enamore y me atrape en su guapura y su simpatía y no me dé cuenta de que no me conviene como persona».

La historia tiene un cierto tono ejemplar. Que la cabeza dirija a los sentimientos. No es fácil hacer esto. De ahí la importancia de pedir consejo, de saber lo que uno está buscando, aproximadamente, e intentar ser coherente con ello.

Mirada profunda y larga

Hoy existen muchos libros de Psicología de la afectividad que ponen el dedo en la llaga sobre todo esto. Se trata de ser capaces de mirar por debajo de las apariencias y no quedarse solo en lo externo. Esto es, la capacidad de penetración en el otro y de esta forma sutil descubrimos de verdad a quien está asomando enfrente de uno. En el hombre pasa a primer plano casi siempre lo físico, en la mujer eso juega un papel menos importante porque sabe más de la afectividad. La psicología femenina busca otras cosas, se fija en dimensiones distintas, explora zonas ocultas[2]... Es conocer el subsuelo. La mujer tiene dos razones en juego: la *razón del conocimiento* por un lado y la *razón esencial.* La primera es saber quién es el otro por dentro y la segunda saber sintetizarlo en sus puntos fundamentales.

Saber *explorar la personalidad del otro y ver si hay compatibilidad y armonía.* Por eso es tan importante en ese periodo denominado *salir* ser capaces de captar esto. Ese tiempo debe llevarnos a acercarnos o alejarnos de esa persona. Muchos desencuentros en este periodo de tiempo son un claro indicador de que la comunicación es difícil, o se hace compleja, o que muy a menudo hay desencuentros, o momentos malos, o muy diferentes interpretaciones de la realidad. He visto parejas que no han sabido cortar a tiempo y luego todo ha sido muy duro. Veamos el siguiente ejemplo.

Caso clínico: casarse sin estar realmente enamorada

Viene a consulta una mujer de treinta y dos años, se acaba de separar de su marido después de año y medio de casados pero que han salido durante cinco. Me dice: «Vengo a consulta porque estoy muy deprimida, me acabo de separar de mi marido y me da mucha pena lo que estoy viviendo. He salido unos cinco años con él y en ese tiempo lo he-

2. Pienso que en las parejas que funcionan bien la que elige es la mujer... La que toma la iniciativa y sabe que ese hombre es el indicado o el que tiene más posibilidades. Aunque sea el hombre el que cree que la elección la hizo él. Lo he dicho a lo largo de las páginas de este libro: en general, la mujer en Occidente sabe mucho más de sentimientos que el hombre.

mos dejado unas cuatro o cinco veces porque hemos tenido fuertes discusiones, yo reconozco que tengo un temperamento fuerte, y al final nos casamos... Fui yo la que me empeñé, él no quería...».

Le pregunto: «¿Te casaste enamorada?». Me responde: «No lo sé... le tenía mucho cariño, fueron cinco años muy intensos, sus padres me adoraban...». Continúo: «Entonces, si no estabas realmente enamorada, ¿por qué te casaste?». Ella sigue: «Yo creí que él cambiaría y que yo suavizaría mi forma de reaccionar... Tocaba casarse, mi madre me dijo que esas discusiones son normales, que la vida es así... Y ahora me doy cuenta de que me equivoqué, no debí casarme, o quizá esperar... estoy confundida...». Tienen un hijo de unos meses y ahora se plantea el tema de la guarda y custodia, él quiere que el hijo viva con él y este es otro punto fuerte de enfrentamiento.

Ella me sigue diciendo esto: «Me paso el día llorando. Estoy en casa de mis padres y no paro de darle vueltas a lo que me ha pasado porque el final ha sido muy triste; él me ha dicho que estoy loca, que no estoy bien de la cabeza... He hablado con la madre de él y me dice que todo está mal y que él no quiere saber nada[3] de mí... que sean los abogados de ambos los que se entiendan. Me siento fracasada...». Este caso terminó en ruptura. Hoy existen muchas

3. El psicólogo y el psiquiatra tienen una diferencia clave: que solo el segundo puede dar medicación si fuera necesaria. Por lo demás, son muy complementarios. En este caso, además de la psicoterapia fue necesario aplicar una cierta dosis de farmacopea.

publicaciones sobre temas sentimentales en donde se abordan estos temas y cada uno puede encontrar un texto que le ayude. Pero puede ser bueno tener una consulta con psicólogo o un psiquiatra que pueda orientar el caso. Hoy son muy frecuentes situaciones de esta naturaleza.

Hay que mencionar, igualmente, el *tener prioridades similares en tres dimensiones: creencias, personalidades complementarias y similar nivel socio-cultural.* De las primeras ya lo he mencionado. En lo segundo, ver *a priori* si esas dos formas de ser funcionan, se llevan bien, se aceptan y se respetan. En cuanto al *nivel,* es otro punto que debe ser muy tenido en cuenta pues, aunque de entrada se relativice, a medio plazo asoma y puede ser un ingrediente nocivo de consecuencias negativas. *El amor tiene un gran porcentaje de artesanía psicológica y cultural.* Eso significa trabajo esforzado y atento, equilibrio, cuidado de los detalles pequeños, sensibilidad, pensar más en el otro que en uno mismo y un largo etcétera en esa dirección. *Amar a una persona es priorizarla, ponerla por delante de casi todo y buscar su bien.* Y vuelve aquí el tema del principio de este capítulo: *para estar bien con alguien hace falta estar primero bien con uno mismo.* El amor modela el destino personal[4].

Hay que tener claro que *los polos opuestos se atraen.* Este es un principio psicológico demostrado científicamente. A una persona primaria, activa, más bien impulsiva, rápi-

4. El destino es la suma y compendio de decisiones pequeñas y grandes que marcan la vida personal. La influencia de la mujer es muchas veces invisible, etérea, atmosférica.

da... le va una persona secundaria, pasiva, más bien reflexiva, lenta... De hecho, si nos fijamos en las parejas cercanas que funcionan bien se da este juego complementario. Y es natural que sea así porque uno busca lo que le falta, lo que no tiene, lo que agrega, equilibra, incrementa, aquello que es adicional. Por eso *el amor, de entrada, es elección profunda y, de salida, cuidado minucioso y atento de los detalles pequeños y medianos de esa relación.* El amor está hecho de artesanía, de laboriosidad afectiva menuda, del cuidado diario de lo que es la base de la vida: la convivencia. O se cuida eso, la vida ordinaria, o el amor se diluye, se desmorona. Y lo vemos en los tiempos que corren, en los que tanta gente falla en el amor por falta de formación y de laboriosidad. Las corrientes subterráneas que conforman ese amor circulan por ahí: los sentimientos significan una respuesta de *toda la persona,* es físico, psicológico, espiritual y biográfico.

Otra vertiente a considerar es que *amar es la determinación de trabajar ese amor elegido.* En una palabra, *determinación es voluntad, disposición para tratar a la otra persona de la mejor manera posible.* Vuelve aquí otra herramienta a la que le he dedicado cierto espacio este libro: la *voluntad, facultad para poner los medios a mi alcance para conseguir un objetivo concreto,* en este caso, un amor duradero, sin fecha de terminación. *El amor verdadero es mucho más que el enamoramiento, significa la decisión firme de buscar lo mejor para el otro.* Es disposición para la entrega realista y exigente en donde la comprensión es pieza esencial. Comprender es ponerse en el lugar del otro.

Comprender es aliviar, disculpar, luchar por olvidar. Todo eso no son palabras bonitas, sino conductas que uno puede aplicar en sus relaciones de pareja y que hacen que ese amor sea compromiso. El amor humano es exigente, pide mucho porque lo que llega de él es plenitud; no una felicidad completa, que eso es una utopía, sino *una vida lograda* en uno de sus principales argumentos.

Proteger el amor elegido de otros afectos

Esta es otra consideración que no quiero dejarme en el tintero. En el mundo actual en el que vivimos las relaciones laborales favorecen el conocer a mucha gente; esos contactos pueden producir *enamoramientos no deseados* que llegan a originarse si no se cuidan las distancias físicas y psicológicas. Pueden darse en distintas modalidades, en gente joven o en gente mayor. Voy a referirme ahora a la primera y dejo las páginas siguientes para la segunda. También aquí asoma una vez más ese binomio destructivo que recorre hoy nuestra cultura y que asola tantas cosas: *permisividad-relativismo,* todo está permitido y nada es verdad pues todo depende de tu punto de vista.

Anécdota clínica sobre amores no deseados

Viene a la consulta un joven de treinta y siete años, economista. Trabaja en un bufete del norte de España y él mismo nos relata su problema de la siguiente manera: «Llevo ocho años viviendo en pareja y tengo dos hijos de cinco y dos años. Conocí a mi mujer hace muchos años; ella salía entonces con un chico y yo estaba dedicado a estudiar y, además, me gustaban mucho las mujeres y salía y entraba sin más. Pero en varias fiestas coincidí con ella, empezamos a quedar... y me fue gustando. A los pocos meses nos fuimos a vivir juntos».

Él va contándome muchas cosas y algunas quiero entresacarlas para enriquecer el contenido del caso que nos ocupa: «Mi familia es creyente y practicante, yo sigo creyendo pero me he enfriado y al final me queda algo... pero nada más. Nunca he necesitado casarme, aunque ella me lo ha sugerido/pedido algunas veces... pero hemos seguido así y la cosa ha funcionado más o menos bien... No obstante debo decirle, doctor Rojas, que en estos años he tenido dos momentos malos y en uno de ellos me fui de casa durante unos meses y tuve dos relaciones... Porque yo siempre he tenido bastante éxito con la mujeres... Se lo digo sin vanidad, pero es así...».

Y sigue contándonos: «Hace un año ha aparecido una becaria en nuestro trabajo, diez años más joven que yo, desde el principio me gustó mucho porque físicamente es espectacular pero estaba en otro departamento distinto del mío. Semanas después entramos juntos en un proyecto y me impresionó la cercanía conmigo y me preguntaba cosas, pues ella tiene menos experiencia... Nos veíamos a diario, varias veces la llevé a su casa a última hora del día y en una ocasión nos quedamos charlando dentro del coche más de dos horas... Le conté mi vida de arriba abajo: que tenía dos hijos y que mi relación con mi mujer era buena, que ella trabaja en temas de estética, que no es universitaria pero que tiene buena formación... Total, que terminé besándola y abrazado a ella y en los días y semanas siguientes se ha metido en mi cabeza y la tengo a todas horas en mi mente...».

Los *enamoramientos no deseados* aparecen cuando menos se espera y en la mayoría de los casos la persona se da cuenta de que algo está pasando interiormente pero no se corta a tiempo, se dejan fluir los acontecimientos y el conflicto está servido en bandeja. Me dice lo siguiente (he tenido unas cuantas entrevistas clínicas con él): «Mi mujer me ha notado más distante y raro con ella... Yo le he dicho que es estrés, cansancio y preocupaciones del trabajo pero hay un hecho real, casi no tenemos relaciones sexuales y he tenido discusiones por tonterías y le he dicho algunas cosas negativas... Total, que hemos entrado en crisis y que me he ido de casa a un apartamento para pensármelo, para intentar rehacer las cosas y ordenar mis sentimientos...».

«En medio de eso ella me ha invitado a su apartamento; hemos tenido relaciones sexuales y le tengo que decir que estoy enamorado de ella y finalmente se ha venido a vivir conmigo a mi apartamento... La madre de mis hijos no sabe nada pero se figura algo, porque tengo una hermana que tiene mucha confianza con mi mujer y ella le ha dicho lo que está ocurriendo... Yo quiero a la madre de mis hijos porque es buena y siempre se ha preocupado de mí, he pasado una serie de años con ella buenos y además tengo dos hijos a los que quiero mucho. Mi hija, la mayor, con cinco años, dice que está triste porque no estoy en casa y que llora... Y eso me ha afectado mucho. Yo he venido a verle porque tengo ansiedad, duermo mal (con pesadillas y sobresaltos) y porque no sé qué hacer, qué camino seguir... Estoy perdido, todo ha sido muy bonito con esta nueva mujer que ha aparecido en mi vida... He perdido la cabeza por ella, pero la madre de mis hijos está hundida y, cuando voy a llevarme a mis hijos el fin de semana, la veo destrozada... Y este es el panorama. ¿Qué hago?, ¿qué me aconseja usted?, ¿por dónde tiro? Estoy hecho un lío y mis padres, que lo saben todo y que quieren mucho a mi mujer, están sufriendo mucho y me dicen que vuelva con mi mujer; y mi hermana ha sido muy dura conmigo diciéndome lo mal que lo estoy haciendo... Mi mejor amigo, que está separado, me dice esto: "Lo importante es ser feliz y por eso la nueva es lo mejor para ti, una especie de ventana de aire fresco que se abre ante ti..."».

Esto lo resumo en esa expresión: *amores no deseados* que se meten en la vida personal, la cambian de arriba abajo y modifican el mapa del mundo personal. El diagnóstico de esta persona es *reacción adaptativa de ansiedad,* según los criterios clínicos que nosotros seguimos[5] y se lo he explica-

---

5. En nuestro equipo de trabajo del Instituto Español de Investigaciones Psiquiátricas seguimos los criterios diagnósticos de la *American Psychiatric Association* y a este caso en concreto lo denominamos *reacción o Trastorno adaptativo de ansiedad.* Quiero explicarlo en pocas palabras: consiste en la aparición de síntomas emocionales o de conducta en respuesta a una situación nueva de estrés que implica un fuerte impacto fácilmente identificable y que trae como consecuencia esta sintomatología. Esto se lo hemos explicado a él. Necesita una cierta medicación para disminuir la ansiedad y un medicamento para combatir el insomnio que tiene.

Las *reacciones adaptativas* pueden ser de ansiedad, depresivas, de alteraciones del comportamiento (ira, descontrol), paranoides (de desconfianza y suspicacia muy acentuadas) y mixtas (una mezcla de todo lo anterior).

do a él, pues está inmerso en un conflicto serio que destila tensión emocional: ansiedad, en definitiva. ¿Cómo enfocar su problema? Le digo que se le plantean dos temas y que por ahí debe ir el enfoque o la decisión a tomar. Una *dimensión ética:* la ética es el arte de vivir con dignidad o el arte de usar de forma correcta la libertad o, también, tratar a los demás como le gustaría a uno que le trataran. Y le hago en este sentido una serie de consideraciones. Pues, aunque él no está casado con la madre de sus hijos de ninguna de las posibles modalidades que existen, hay un hecho incontrovertible: que tiene dos hijos con ella. Por otro lado, está la *dimensión psicológica:* sus sentimientos han cambiado y se ha enamorado de esta nueva mujer diez años más joven, que de pronto ha irrumpido en su vida y lo ha cambiado todo. Las preguntas son estas: ¿debe seguir sus sentimientos?, ¿debe dirigirse hacia el nuevo amor?, o ¿debe hacer una lista de pros y contras, sobre cuál de las dos «es mejor para él» en este momento concreto de su vida? La elección afectiva acertada marca una vida. Y los frutos que produce son una mezcla de seguridad, confianza, paz y alegría que lógicamente hay que trabajar luego con artesanía, dedicación y tantas cosas más. En otras partes de este libro hago referencia a esto.

Él no tiene una *dimensión espiritual* y esto es una limitación en su vida. La tuvo y la ha medio perdido. Estamos en una sociedad en donde son muchos los que se encuentran en una situación parecida y esto es una carencia, pues uno de los ingredientes esenciales de la vida es este: *la espiritualidad vivida abre a la persona un horizonte rico y una visión trascendente.*

Síndrome del penúltimo tren

Con este título o bajo este diagnóstico se agrupan una serie de manifestaciones concretas a las que me voy a referir a continuación. Lo que es importante resaltar es que seguimos el mismo *ritornello* y que se resume así: *enamoramientos no deseados*. Pero que se dan ya con una cierta edad y que, por tanto, tienen unos visos algo diferentes. Voy con el caso clínico:

Caso clínico del Síndrome del penúltimo tren

Viene a la consulta por primera vez un hombre de sesenta y dos años, abogado, con tres hijos (de veinticuatro años para abajo), que trabaja en un bufete con mucha gente y nos cuenta lo siguiente: «Ante todo quiero decirle, doctor Rojas, que no sé si es usted la persona adecuada para ayudarme porque yo creo que quizá no necesite un psiquiatra, que a mí me parece demasiado fuerte... He leído algunos libros suyos y sigo sus artículos en la prensa y quizá por eso he querido venir a verle... en fin, ya que estoy aquí le quiero contar cuál es mi problema, porque no sé qué hacer...». Y me sigue exponiendo su tema: «Trabajo en un despacho donde somos varios cientos de personas y yo estoy en un segmento concreto del Derecho. Llevo aquí muchos años y soy socio de este grupo jurídico. Hace algo menos de un año ha venido a trabajar con nosotros una joven abogada, de treinta y dos años, que ha preparado oposiciones a notarías durante algunos años y no ha podido aprobarlas. Ha entrado a trabajar con nosotros, primero con otra gente de nuestro despacho y finalmente ha aterrizado con mi gente. Al principio casi no me fijé en ella, pero en las últimas semanas prácticamente está todo el día conmigo: es muy ordenada, lleva su bloc de notas y toma apuntes de muchos temas jurídicos de los que hablamos y realmente ella me pregunta cosas concretas de trabajo... Se ha quedado conmigo muchos días hasta muy tarde y hemos salido del trabajo a las once o doce de la noche. Algún día hemos tomado algo al salir después de tantas horas de trabajo y la he acompañado a su casa».

Y continúa: «... prácticamente está todo el día conmigo y me ha contado su vida... Al principio me hablaba de usted, pero la confianza y la cercanía han sido tales que ya me llama de tú. Es una chica muy guapa, natural, espontánea... Me ha preguntado por mi familia y le he explicado que tengo tres hijos y que mi mujer es ama de casa, que me llevo bien con ella pero que a veces me cansa porque está siempre con los problemas de los hijos: estudios, salidas los fines de semana...; tiene una hermana que me dice que es bipolar y de la que se ocupa mucho... Yo mismo me sorprendo porque le he contado muchas cosas personales y me parece que he ido demasiado lejos...».

Todo lo que cuenta lo explica con minuciosidad y a veces tengo que reconducir lo que me dice pues se pierde en detalles de poco valor: «Pero lo que me pasa es que llevo muchas semanas en que me despierto por la mañana y lo primero que hago es pensar en ella, e incluso me planteo qué camisa me pongo y elijo una corbata más juvenil... Últimamente han ocurrido una serie de cosas que quiero contarle porque me tienen sorprendido... Hemos seguido terminando muy tarde nuestra actividad del despacho y nos hemos ido a cenar juntos y yo, tengo que reconocerlo, me sentía muy a gusto. Yo no sé lo que me ha pasado pero he resumido mi vida e incluso le he contado ciertas cosas muy íntimas de mi mujer y mías, es como si sintiera la necesidad de hablar y hablar... En las últimas dos cenas la he besado y la he tenido entre mis brazos... Era como una vuelta a cuando yo era joven...».

«A mi mujer la quiero, son muchos años con ella, de novios y casados. Es buena, me cuida, pero veo que se preocupa demasiado por cosas pequeñas de los hijos o de la casa... Creo que desde hace ya un cierto tiempo hay poca comunicación, también porque yo siempre estoy muy ocupado con mi trabajo... Pero esta ayudante mía está muy presente en mi vida diaria, es como una obsesión poderosa que se ha apoderado de mí y eso es lo que quiero que usted me diga, porque estoy confuso y no sé qué hacer...».

Y entonces le digo: «Te has enamorado de ella. Uno de los primeros síntomas de ello es tenerla en la cabeza, pensar en ella, es como una presencia mental casi constante... Has debido cortar antes y ahora tus sentimientos hacia ella son muy cercanos y lo que te acabo de decir, *en este momento el hecho es claro, te has enamorado de ella, como un adolescente, como un joven*». Y me dice: «Pero no sé qué hacer, le digo de verdad que estoy encantado con esta chica y a la vez yo quiero a mi mujer y a mis tres hijos y no quiero hacerles daño a ellos; mi mujer me ha notado cambiado, distinto... y yo siempre le digo lo mismo: "Son cosas de mi trabajo, estoy cansado...", pero es cierto que me he distanciado de ella y, sobre todo, que han sido muchas las noches que he vuelto a casa muy de madrugada, la he dejado en su casa y he tenido varias llamadas telefónicas a mi móvil que no le he respondido. Doctor Rojas, ¿qué hago?, ¿qué camino debo seguir si, como usted dice y yo lo reconozco, me he enamorado de ella?».

En las siguientes entrevistas él me insiste mucho en que quiere hacer lo que sea mejor. Me dice: «Esto no lo sabe nadie de mi familia pero sí dos compañeros del despacho con los que llevo muchos años, se han dado cuenta y me han sorprendido con sus comentarios. El mayor de esos dos compañeros, que nos conocemos bien, me ha dicho que debo cortar con ella...; por el contrario, el otro, con el que llevo menos años, me ha dicho: "Lo importante es ser feliz, si tú estás feliz con la nueva: debes irte con ella..."; ese es el panorama... Yo prefiero no pensar en ello y seguir la vida tal y como va ahora... mi mujer y esta chica, pero lo que está claro es que debo hacer algo porque llevo muchos meses así...».

La situación de esta persona engendra tensión emocional y ha necesitado una medicación para la ansiedad, puesto que, poco a poco, su mujer ha sabido lo que sucedía, más o menos; sus hijos han intervenido y esto ha provocado un conflicto familiar serio. En ningún momento él me ha dicho que yo hablara con esta chica y menos con su mujer, dado que ella (según me dice él) no sabe casi nada de lo sucedido. En las distintas visitas a mi clínica hemos desmenuzado con detalle lo sucedido. «Doctor, usted es un experto en conducta y tiene experiencia, quiero oír no solo su opinión, sino lo que usted cree que debo hacer...». Y le digo lo siguiente: «De entrada, el primer problema que se plantea es *moral,* ya que tú te casaste con ella por la Iglesia y adquiriste unos compromisos y eso está ahí. Por otra parte, está el tema *sentimental,* ya que has ido demasiado lejos con ella, que empezó siendo una colaboradora de tu equipo jurídico y se ha convertido en alguien de quien gradualmente te has enamorado. Estás en una situación difícil y lo que tienes que saber es que la decisión que temes te va a costar mucho porque, de una manera o de otra, el sufrimiento está servido en bandeja, es inevitable. ¿Qué es lo que yo te sugiero? Para mí, como psiquiatra, debes sacar a esta chica del despacho y enviarla a otro, que salga de tu entorno profesional y que dejes de verla». Me dice: «Me parece muy duro pues se ha hecho a mi estilo profesional, formamos un equipo... y, sobre todo, me siento a gusto a su lado, es como una subida de ánimo cuando estoy a su lado».

Le digo: «Eso es cierto porque te has enamorado a fondo. Debiste cortar antes de que esto fuera a más... pero qué difícil es hacerlo cuando todo fluye de forma gratificante y sientes la atracción física y psicológica hacia ella. Tu hija la mayor, que es la que más sabe de estos hechos, te ha dicho lo mismo, llorando y muy afectada por todo lo sucedido. Los pasos a seguir son tres. Primero, que esta chica salga de tu despacho jurídico, con todo lo que eso significa; segundo, lo vas a pasar mal durante una temporada, pero dejar de verla es fundamental, te costará olvidarte de ella, pero lo irás consiguiendo; y en tercer lugar, debes poner los medios adecuados para acercarte a tu mujer, es decir, saber lo que te he comentado en más de una ocasión en nuestras entrevistas: *el amor siempre necesita renovarse, mejorarlo.* Tienes que saber que esta sociedad en la que nos ha tocado vivir es *una sociedad sin vínculos*».

Ha ido siguiendo esta línea terapéutica con altibajos y momentos muy bajos de ánimo. La hija mayor ha ayudado mucho en esta tarea; ha venido a hablar conmigo y ha demostrado, a pesar de sus veintitantos años, una madurez afectiva evidente.

¿Qué se esconde debajo del Síndrome del penúltimo tren?

Casi todo se estructura en la vida humana en torno a dos grandes argumentos, *sentimientos y vida profesional, amor y trabajo* y todo lo que se desgaja de ahí. Al adentrarnos en la frondosidad de la vida afectiva nos abrimos paso entre masas de pensamientos buscando claves que la afiancen. Ellos conforman la intimidad. Pero los sentimientos no pueden ser los únicos directores de nuestra conducta porque caeríamos en el *sentimentalismo* o incluso en lo que yo llamaría el *emotivsmo,* que significa que son un fin en sí mismo y no se les puede aplicar ningún otro componente. Eso lo vemos hoy con mucha frecuencia, especialmente en gente joven; es una respuesta epidérmica a una sensación de atracción que no se acompaña de nada más, donde no hay más análisis. *El gobierno de los sentimientos debe estar asesorado por la inteligencia y la voluntad.* Pero ellos no siempre son dóciles a la razón y a la conveniencia. Hay que amaestrar los impulsos afectivos si no queremos vernos inmersos en *enamoramientos no deseados*, como hemos visto en páginas precedentes o en el *Síndrome del penúltimo tren*, o en *amores eólicos*, que también tienen aquí su importancia[6]. No es fácil controlar los sentimientos, pues tienen muchas veces un cierto fondo irracional, con valoraciones inmediatas y conclusiones rápidas con poca visión larga de la existencia.

En el *penúltimo tren* hay mucha psicología que se mueve en su interior. Hay *vanidad* en el hombre, ya de cierta edad, que observa que aún tiene capacidad para conquistar a una mujer bastante más joven. Y esto le devuelve a una segunda juventud. Y esto es clave. Es un reto y a la vez un trofeo. Es el arte de la conquista. Al tratarse de un hombre de cierta edad, de cincuenta a sesenta años o más, que ya tiene la experiencia de la vida propia de esto, lo que le falta de frescura le sobra de *savoir faire*.

Por otra parte, se ha producido un cierto contagio de *piruetas afectivas de personajes famosos*, aireados por las revistas del corazón en magazines y en televisión, que se han popularizado mucho, en donde se ven en panorámica relaciones y encuentros afectivos que sirven de diversión y pasatiempo a muchos y que tienen más influencia de la que

---

6. Nacen de la entrada de vientos emocionales inesperados en donde la *novedad* tiene un enorme tirón. Su base es la permisividad y el relativismo. Su edificio da lugar a estancias laberínticas llenas de sorpresas, un zoom de parejas intercambiables. Todo se vuelve divertido y es como seguir la línea argumental de las revistas del corazón: *una sociedad fascinada por modelos rotos.*

pensamos[7]. Cuando el corazón y la cabeza se contradicen la persona termina interiormente desgarrada, a merced de los deseos del momento, veleta arrastrada por vientos afectivos que van y que vienen y que surgen de pronto y no se controlan. En el *síndrome del penúltimo tren,* el glosario de argumentos que aparecen son zigzagueantes, inciertos, formando una sinfonía desigual de fondo adolescente, en donde uno se deja invadir de un *emotivismo* que cambia la vida por completo, con todas sus consecuencias.

Para juzgar de forma sana los propios sentimientos hay que saber hacer una valoración adecuada y hacerlo viendo cómo han surgido, en qué momento de nuestra existencia asoman, si son convenientes y están dentro de la coherencia de vida a la que debemos aspirar. Una cosa es cuando esto se produce en la juventud y uno está abierto a buscar alguien con quien compartir la vida y cosa bien distinta cuando uno tiene ya su vida afectiva orientada y, por los motivos que sea, abre la puerta a otras posibilidades sentimentales. En esos casos se puede tratar de una pareja que funciona mal desde hace tiempo o que tiene una crisis difícil de resolver... O se trata de una persona frívola a la que le gusta exhibirse y coquetear, en cuyo caso son oleajes

7. Vuelve aquí la diferencia entre *fama* y *prestigio*. La primera la tienen personajes muchas veces sin base, que aparecen continuamente en los medios de comunicación, muy vacíos... especialmente esos que asoman en las revistas del corazón. La segunda significa un reconocimiento positivo a una trayectoria de cierta ejemplaridad en lo profesional, empresarial o político.

Cuando alguien tiene *fama y prestigio a la vez* hablamos de *un referente,* de alguien ejemplar que empuja de alguna manera a imitar esa conducta. La distinción me parece interesante.

de emociones pasajeras y volcánicas, intensas y a la vez superficiales. Los sentimientos profundos no desaparecen fácilmente, tienen raíces, se prolongan en el tiempo. Unos sentimientos y otros se superponen pero hay que aprender a jerarquizarlos: si alguien nos dice que nos aprecia y poco después actúa con indiferencia, la conducta pone de manifiesto lo contrario. Esto sucede con muchas relaciones en donde hay más *sentimentalismo* que otra cosa, una reacción sentimental superficial, epidérmica, cambiante, en la que podemos observar oscilaciones frecuentes que pasan de la euforia al desánimo, de estar muy contento a sentirse uno triste.

¿Cómo se manifiestan los sentimientos? *Los sentimientos tienen varios lenguajes esenciales: la conducta, el lenguaje verbal y no verbal, la coherencia con la vida personal.* Dicho de otra manera: *los hechos, las palabras y los gestos, así como la armonía de la propia vida.*

lección 9.ª

Cómo superar las adversidades y traumas de la vida*

Mi vida personal

La vida personal es la asignatura más importante que debemos cursar y para ello es importante saber lo que uno quiere hacer, poner los medios, tener las ideas claras y después diseñar, organizar, programar. Lo he dicho en las páginas precedentes de una manera u otra: *la felicidad consiste en tener un proyecto de vida coherente y realista*, con ilusión, en donde deben alojarse una serie de contenidos concretos que yo he resumido así: *amor, trabajo, cultura, amistad, aficiones...* y cada uno de estos apartados comparte muchas cosas a la vez que cada cual debe saber hilvanar. Se trata de un *programa que tiene el sello personal* y, en consecuencia, significa que lo diseña según sus preferencias personales y pone el acento en lo

* Conferencia pronunciada en el Foro de Nueva Economía en el Casino de Madrid el 11 de marzo de 2019.

que a él le parece más importante. La expectativa de lo que está por llegar es felicidad. *La felicidad consiste en ilusión.* Tiene una parte *presente* que es fugacidad, es estar contento con uno mismo hasta ese momento, explorando y valorando cómo se ha ido desarrollando nuestra vida: *la felicidad consiste en estar contento con uno mismo porque hay una buena relación entre lo que uno ha deseado y lo que uno ha conseguido.* Hay una cierta conformidad entre lo proyectado y su resultado. Pero la dimensión clave de la felicidad es el *futuro,* lo que está por venir y que lo esperamos de forma positiva... Lo mejor está por llegar, hay mucho bueno pero aún espero mejores resultados, tengo objetivos en marcha que espero que salgan.

Mi vida personal consiste en conocer y recorrer la travesía propuesta a pesar de los mil y un avatares y sinsabores que han ido sucediendo. La vida tiene un fondo dramático. Siempre podemos tener amenazas que pueden romper la armonía o la estabilidad de nuestra vida. Por eso es esencial que cada uno se centre en *su vida personal.* Y esa es la mejor manera, de entrada, de superar las adversidades: capacidad de concentración en los objetivos propuestos. Poniendo ahí nuestro foco de atención, ahí se mezclan metas y objetivos, ilusiones, convicciones sólidas que se articulan a largo plazo. Es importante que el *proyecto personal* tenga el menor número posible de contradicciones: coherencia y sentido. Cualquier trayectoria humana comporta riesgos, dificultades, adversidades, sorpresas inesperadas y para ello hay que estar preparado y tener los instrumentos adecuados para que esto pueda resolverse[1].

La Psicología es la ciencia que tiene como medio la conducta, como instrumento principal, la observación, y como meta, la felicidad. Se podría decir que la Psicología tiene dos raíces: genética y adquirida; el tronco es la persona y las ramas que brotan de este árbol son esencialmente cuatro: la razón, la afectividad, la voluntad y la trascendencia. A partir de ahí se organiza y se complica todo nuestro comportamiento.

Los traumas de la mujer y del hombre en nuestra cultura

La palabra *trauma* significa «choque o impresión emocional que deja una huella profunda, duradera y que marca a la personalidad». Puede ser *físico, psicológico, social, cultural y espiritual.* Cada uno de ellos se abre y ofrece un abanico de posibilidades muy amplio. Hablamos de hechos fuertes, de choques que producen una vivencia que afecta al núcleo de la persona y que no se borran fácilmente. Voy a espigar un ejemplo de cada uno de esos cinco apartados. En relación con lo *físico,* pensemos en un accidente de co-

1. He insistido en la importancia de la llamada *inteligencia auxiliar,* que consiste en los instrumentos que potencian la *inteligencia básica* que cada cual tiene y que consta de cinco ingredientes: *orden, constancia, voluntad, motivación y capacidad de observación.* Tomad nota. Con esos cinco componentes casi todos los traumas y derrotas de la vida pueden ser afrontados primero y superados después.

che que deja a esa persona con unas limitaciones corporales casi para siempre o la ruina económica, o una enfermedad grave que siega la vida. En relación con lo *psicológico*, desde haber tenido un padre alcohólico que ha marcado a la familia, pasando por una depresión profunda que no ha respondido al tratamiento o una separación de pareja traumática. En relación con lo *social,* no haber podido tener una vida de amistades sanas porque los padres no han podido orientarlo en ese sentido o haber tenido un entorno socio-familiar disfuncional o neurótico, pasando por una evidente marginación social. En lo *cultural,* no haber podido estudiar teniendo capacidad para ello por falta de medios económicos, o el complejo de no haber ido a la universidad, o no haber crecido en un entorno en donde existía curiosidad por leer, aprender, crecer como ser humano. En lo *espiritual,* no haber recibido una educación en valores, trascendente, que fuera capaz de dar respuesta a los grandes interrogantes de la vida.

Unos y otros se solapan. Coinciden, se mezclan, se alternan, se suceden, envuelven la travesía personal. Eso lo sabemos bien los psicólogos y los psiquiatras que hoy somos como los médicos de cabecera o de familia. La sociedad ha cambiado en un par de décadas más que en un siglo. Todo va demasiado deprisa. Pero como reza el enunciado de este subcapítulo, los dos traumas más importantes en la *mujer* de Occidente son los *fracasos sentimentales,* por un lado, y los *derrumbes familiares,* por otro. A veces ambos van unidos. Hay parejas que se han roto y los hechos se han sucedido de forma civilizada; hay otras en que todo ha sido terrible, doloroso, demoledor, en donde ambos se han dedicado a librar una batalla campal con una repercusión que ha durado años[2]. Cuando hacemos una historia clínica a quien viene por primera vez a consulta siempre preguntamos por este tipo de cosas (traumas o impactos con huella en mi vida) y con frecuencia salen este tipo de temas a relucir.

En el *hombre,* los dos traumas más fuertes suelen ser los *fracasos profesionales,* por una parte, y los *serios problemas económicos,* por otra. De hecho, ambos también pueden darse a la vez. Hoy esto está cambiando y una generalización excesiva es demasiado reduccionista, pues la mujer está en el terreno laboral al mismo o a más nivel que el hombre en muchos campos y áreas profesionales. Lo que está claro es que son hechos que necesitan ser validados por el especialista y para ello existe hoy en psiquiatría un diagnóstico que engloba todo esto, las llamadas *reacciones adaptativas,* que son definidas de la siguiente manera: se trata de la aparición de síntomas físicos o psicológicos o de conducta producidos por un trauma muy estresante y que debe ser identificable, que produce un daño físico o psicológico de gran envergadura y que dan un lugar a un deterioro personal, profesional y/o social de gran importancia. Se tiene que poder demostrar empíricamente el hecho o los

---

2. Pensemos en el llamado *Síndrome de alienación parental,* en donde uno de los padres descalifica al otro delante de sus hijos pequeños y eso los marca de por vida, pues a esas edades no tienen discernimiento para calibrar los hechos que escucha.

hechos traumáticos y ser evaluados por un especialista para que realmente los tipifique y valore[3].

Son conflictos sin un fácil arreglo. Un problema serio, casi sin salida o sin salida satisfactoria. Las novelas buenas se nutren de tragedias que los lectores viven como en primera persona y se identifican con los personajes principales. Es la incapacidad para encontrar una solución razonable y relativamente cercana, que sea satisfactoria y nos devuelva la armonía perdida. La mejor de las vidas consiste en un combate con uno mismo y con las circunstancias. A veces las dos partes en litigio tienen bastante razón, pero no hay acuerdo[4]. Evitar la guerra, suavizar el conflicto. Uno de los grandes pensadores de *lo trágico* fue Nietzsche: lo trágico es la vida misma, pero hay que evitar caer en el nihilismo, el resentimiento, la mala conciencia, la revancha o, dicho de otro modo, es *la visión sobrenatural, el perdón y el olvido,* la voluntad alegre de superar barreras difíciles. *Perdonar es luchar por olvidar y renunciar al odio y a la venganza.* Perdonar y olvidar es perdonar dos veces. Per-

---

3. Dos observaciones. Una, la cierta tendencia de algunos pacientes nuestros a *dramatizar,* es decir, a convertir un problema de escasa importancia en algo mucho mayor y es labor nuestra valorarlo en su justa medida.

Otra, que estas *reacciones* pueden ser de cinco tipos: depresivas, ansiosas, de descontrol de la conducta, paranoides y mixtas (una mezcla de todo lo anterior).

4. Es el caso del conflicto árabe-israelí, en el que Palestina e Israel esgrimen razones complementarias. Los palestinos tienen razón en querer vivir en su tierra y los israelíes quieren tener su propia seguridad.

Yo, como psiquiatra, me enfrento a conflictos de mis pacientes difíciles de resolver y en los que necesito ensayar soluciones donde lo psicológico es la clave.

donar es ir al pasado y volver sano y salvo. Saber olvidar es sinónimo de salud mental y de generosidad.

¿Cómo hacer para superar los traumas de la vida?

Es una pregunta muy acertada. Las tristezas van y vienen. Las dificultades y sinsabores asoman de vez en cuando. Pero *los traumas de la vida necesitamos afrontarlos utilizando los instrumentos de la razón y de la afectividad.* Juntos trabajan mejor. Es poner en ello cabeza y corazón, arte y oficio, ilustración y afecto. Para ello son necesarias una serie de operaciones psicológicas ordenadas:

— *Naturaleza del trauma.* Hay dos tipos, los *macrotraumas* y los *microtraumas.* Los primeros son impactos emocionales de gran intensidad, golpes en la vida de una persona que la marcan durante mucho tiempo: suicidio de un ser querido, maltratos físicos y psicológicos continuados, la ruina económica, humillación presenciada por mucha gente... La lista es interminable, pero va en esa línea. Estos hechos tienen una fuerza negativa enorme y, además, resonancia social (mucha gente es conocedora de estos hechos y eso produce unas consecuencias en el entorno familiar y social muy acusadas). Los segundos son acontecimientos de mucha menor intensidad pero que se van sumando y forman un inventario negativo de causas y motivos diversos que constituyen una constelación compleja.

— Ordenar los hechos e intentar enfocarlos para buscar una salida, si ello es posible. Hacer una lista de mayor a menor intensidad de lo sucedido y ver cómo se pueden neutralizar algunos de ellos. Muchas veces a algunos de ellos no se les puede dar la vuelta o cambiarlos o superarlos. Están ahí y producen un sufrimiento y un dolor que solo recibe ayuda por la cercanía de las personas queridas que acompañan y están ahí. Comprender es aliviar, ponerse en el lugar del otro. Comprender es perdonar y disculpar.

— Volver a empezar. La capacidad para intentar sobreponerse a ellos y comenzar de nuevo, poco a poco. Esto requiere de esa pieza de la que he hablado extensamente a lo largo de las páginas de este libro: la voluntad. Se necesita haber tenido una educación de ella gradual, progresiva y con esmero. Y entonces ella está bien dispuesta y sale al escenario personal para mirar hacia delante.

— La importancia de la *resiliencia*. Es una rama de la Psicología moderna, que significa «resistencia a la adversidad, aprender a soportar situaciones duras, de gran dificultad y ser capaces de crecerse ante las dificultades y no hundirse». Uno de los padres de este movimiento es el psiquiatra Boris Cyrulnik. Nacido en Burdeos en 1937 sufrió la pérdida de su familia en un campo de concentración nazi del que logró escapar cuando tenía seis años. Pasó su infancia moviéndose de un centro de acogida a otro hasta llegar a una granja de beneficencia y, más tarde, unos vecinos le dieron amor y le enseñaron la alegría de vivir y la capacidad para superar todas las heridas del pasado. Hoy en día es un referente en este campo de la superación de los traumas personales: «La resiliencia es el arte de cambiar el dolor y dotarlo de sentido, la capacidad para ser feliz incluso cuando tienes heridas del alma». Esta capacidad psicológica no es genética, sino adquirida, y necesita un cierto entorno positivo, una atmosfera sana que le ayude y luego tener objetivos concretos de lucha y algunos ejemplos cercanos que sirvan de modelo[5]. Toda su teoría es que, por muy mal que lo hayas pasado en tu vida y por muchos traumas y adversidades que hayas tenido, tu futuro no está escrito, puedes cambiarlo y ese es el verdadero reto. Quiero dejar aquí *cinco medidas para desarrollar la resiliencia*. Cada una tiene su propia consistencia, pero se une a las otras formando un mosaico de elementos sólidos.

Por una parte, hay que *confiar en un círculo protector:* rodearse de personas que desprendan afecto, ternura, comprensión... ese contacto humano es decisivo. Por otra, *volcarse con los demás y olvidarse de uno mismo:* es una es-

5. Recomiendo el libro de R. Santos, *Mis raíces. Familia, motor de resiliencia,* Palabra, Madrid, 2019. Es un texto muy sugerente sobre todo lo referente a la resiliencia.

trategia no fácil, pero muy eficaz. Los psicólogos expertos en resiliencia la subrayan con fuerza. Además, *tener objetivos concretos, pocos y bien delimitados,* y luchar a fondo por irlos metiendo en la conducta propia. Tienen que ser medibles, realistas y a la vez atractivos. Por otro lado, es esencial *tener modelos de identidad sanos, positivos,* que tiren de esa persona y que quiera imitarlos. Y, por último, *superar las heridas del pasado y sacarle partido a las oportunidades cuando aparezcan.* Estas cinco medidas forman una alquimia psicológica fuerte en donde ese ser humano puede salir adelante y superar todo lo negativo de su existencia.

Termino con la *Fábula del hombre feliz,* del escritor ruso León Tolstoi: «Un zar estaba siempre sumido en la tristeza y se dijo: "Daré la mitad de mi reino a quien me cure". Entonces todos los sabios se reunieron y celebraron una junta para sanar al zar, pero no encontraron ningún remedio. Uno de ellos, sin embargo, declaró que sí era posible curarlo. Y dijo: "Si sobre la tierra se encuentra un hombre feliz, quitadle la camisa y que se la ponga el zar. Con esto estará curado". El zar hizo buscar en su reino a un hombre feliz. Los enviados del soberano exploraron todo el país, pero no encontraron a un hombre feliz. No encontraron a nadie contento con su suerte. Uno era rico, pero estaba enfermo; otro gozaba de salud, pero era pobre; el que era rico y sano se quejaba de su mujer; otro, de sus hijos... A todos les faltaba algo... Una noche el hijo del zar al pasar por una pobre choza oyó que alguien exclamaba: "¡Gracias a Dios he trabajado y comido bien! ¿Qué me falta?". El hijo del zar se sintió lleno de alegría. Inmediatamente mandó que le llevaran la camisa de aquel hombre a quien a cambio se le entregaría cuanto dinero pidiera. Los enviados se presentaron a toda prisa en la casa de aquel hombre para quitarle la camisa, pero el hombre feliz era tan pobre que no tenía ni camisa». (L. Tolstoi, *Cuentos de primavera)*.

La vida tiene un fondo dramático

Viene a verme a mi consulta una mujer viuda que tiene tres hijos y me cuenta lo siguiente: «Vengo a verle porque estoy destrozada. Mi hijo el pequeño, de treinta y dos años, se acaba de suicidar. Siempre ha sido un chico difícil, yo diría diferente, muy sensible, con poca voluntad, que le ha costado mucho estudiar, pero, al ser el pequeño de mis tres hijos, yo me he volcado mucho con él. Cuando terminó el colegio tenía diecisiete años y no tenía una vocación clara de lo que le gustaba; empezó Turismo y al año lo dejó, después se matriculó en Marketing, hizo el curso entero y lo aprobó todo, pero me dijo que no era lo suyo... Entonces yo me quedé viuda y perdió otro año en el que no hizo casi nada... Yo no supe organizar su vida y empezó a tener una serie de amigos que no eran muy recomendables, empezó con la marihuana y me confesó que algún fin de semana esnifó cocaína... Él le quitaba importancia y yo me preocupé mucho... Empezó a salir los fines de semana hasta muy tarde... Ya se habían casado sus dos hermanos y yo no supe controlarlo y empezó a beber alcohol y a mezclarlo con cocaína».

Mientras me relata los hechos llora sin parar, balbucea, se detiene y sigue: «Yo me di cuenta de que mi hijo se me había escapado de las manos y que cada vez iba a más y necesitó estar ingresado durante un mes en un hospital y yo fui a verlo cada día... Le dieron el alta pero seguía más o menos igual... Meses más tarde decidió matricularse en una escuela de idiomas pero lo dejó a los pocos meses; siempre fue poco constante... Un día se tomó todas las medicinas que le había recitado su psiquiatra y se suicidó. Yo había salido a comprar y cuando volví me lo encontré tumbado en su cama y me di cuenta de lo que había pasado... Lloré como no lo había hecho nunca en mi vida... Llamé a mis otros dos hijos para que me ayudaran...». Y sigue diciéndome: «Yo me siento culpable de su muerte porque él era bueno pero débil; me quería mucho, pero yo no supe enfocarlo y creo que soy la responsable de lo de mi hijo. Él era todo para mí. Siempre me acuerdo de sus últimos días, me insinuó algo, pero yo no lo capté... Yo quiero morirme, irme con él... Mis otros dos hijos están a mi lado, pero yo no me quito de la cabeza que la culpa ha sido mía...».

La vida tiene a veces golpes muy duros, inesperados, en donde uno es incapaz de controlar los hechos y tiempo después analiza si pudo hacer algo más en esa circunstancia... Spaeman habla del sentido del sufrimiento y cómo existen hechos que nos rebasan, que son superiores a lo que realmente podíamos pensar. He acompañado a esta persona en su enorme dolor y a la vez he luchado para que no se sienta culpable de la muerte de su hijo, pues él, desde hacía mucho tiempo, había dejado de luchar por desterrar de sí la adicción a las drogas, por una parte, y le faltaban objetivos personales por otra. Cada uno es responsable de su conducta. Pero está claro que el entorno familiar es clave. Le hago ver a esta madre que su hijo tenía varias cosas a la vez: una adicción a las drogas, antigua; un estado depresivo gradual que fue cada vez a más, y una vida vacía[6]. En la psicoterapia le insisto a ella en que tiene que quitarse la idea de que ella ha sido en buena medida la responsable de la muerte de su hijo pues el tratamiento que él siguió no era solo salir de la droga, sino tener un cierto proyecto de vida y llenar su vida... El tratamiento quedó sujeto solo a medicación y eso se queda corto[7]. Veo a muchos pacientes que vienen esperando la magia de un medicamento que les saque del hundimiento psicológico; muchos de ellos no son capaces de hacer un mínimo análisis de que el problema es estructural, que falla un enfoque amplio, que su programa personal de vida es muy endeble y/o está con muchas incoherencias en su interior.

---

6. Como he comentado largamente a lo largo de estas páginas, sigo los criterios diagnósticos de la American Psychiatric Association. Estamos en la llamada *era de los co-diagnósticos,* lo que quiere decir que, de forma didáctica y clínica, tratamos de apresar todo lo que le sucede a una persona con el fin de ensayar un *tratamiento integral* que abarque todas las dimensiones que deben ser tratadas en cada paciente. Y este en concreto necesitaba no solo superar la adicción a la cocaína, sino, además, el estado depresivo grave y una vida hueca... Por tanto: farmacoterapia, psicoterapia, laborterapia, socioterapia y biblioterapia.

7. Aquí solo hubo *farmacoterapia.* Medicación y poco más. La *pastilloterapia* hoy la vemos mucho en psiquiatría, sin nada más.

lección 10.ª

La educación de la voluntad: la cultura del esfuerzo*

La voluntad es clave para el desarrollo de la persona

La voluntad es la clave para conseguir lo que uno se ha propuesto. Es la joya de la corona de la conducta. El que tiene educada la voluntad verá que sus sueños se irán convirtiendo en realidad. La voluntad y la inteligencia forman un dúo decisivo en la geografía de la persona. A ellas se une otra pieza concluyente de nuestra psicología: la afectividad. Afectividad, inteligencia y voluntad constituyen un tríptico esencial que nos dirige hacia lo mejor.

¿Qué es la voluntad, en qué consiste y cuáles son los principales ingredientes que se hospedan en su interior? *La voluntad es la capacidad para ponerse unos objetivos concretos y luchar por irlos alcanzando.* Está claro que no es algo genético, sino adquirido. La Psicología conductista la defi-

* Conferencia pronunciada en el Congreso Internacional de Psicología celebrado en la Expo Santa Fe, Ciudad de México, el 17 de abril de 2018.

ne así: capacidad para aplazar la recompensa. Es decir, para ir trabajando y fortaleciendo la voluntad es muy importante no buscar resultados inmediatos, sino mediatos, sacrificar lo cercano por lo lejano. En esa travesía se encierra un principio que me parece muy importante: saber esperar y saber continuar.

Etimológicamente, la palabra voluntad procede del latín *voluntas,* y del sufijo *-tatis,* que significa «querer». Hay una distinción muy interesante si nos vamos a los matices: *desear* y *querer. Desear* es pretender algo de forma pasajera, momentánea, esporádica, sin continuidad; es algo que asoma en el escenario de los intereses y luego se difumina. Por el contrario, *querer* es determinación, propósito firme, decisión sólida, es haber tomado la resolución de conseguir algo y entregarse a esa tarea. La persona poco madura va detrás de los deseos según van apareciendo y luego los desecha. El que tiene un cierto grado de madurez quiere algo con fundamento y precisión, lo califica, lo precisa, delimita su campo y se lanza con todas sus fuerzas en esa dirección evitando la dispersión, poniendo a la voluntad por delante para que tire en ese sentido. *El deseo es más emocional, el querer pertenece al patrimonio de la voluntad.* Dicho de forma más rotunda: *voluntad es determinación.* Por eso *desear es un impulso más o menos momentáneo; querer es una disposición más permanente y racional.*

Toda educación empieza y termina por la voluntad. Los padres son los primeros educadores. Un buen padre vale más que cien maestros. Educar es seducir por encantamiento y ejemplaridad, fascinar con los valores, entusiasmar con las cosas que siguen siendo valiosas con el paso del tiempo, cautivar con lo mejor. *Educar es seducir, fascinar, cautivar con lo excelente.* Educar es convertir a alguien en persona; ayudarle a que se desarrolle de la mejor manera posible en los diversos aspectos que tiene la naturaleza humana.

La voluntad es firmeza en los propósitos, solidez en los planes a llevar hacia delante, ánimo ante las dificultades. *La voluntad es el apetito de la inteligencia.* Todo lo grande es hijo del esfuerzo y la renuncia. Quien tiene educada la voluntad es más libre y puede llevar su vida hacia donde quiera. Cuando la voluntad se ha ido formando a base de ejercicios continuos está siempre dispuesta a vencerse, a ceder, a dominarse, a buscar lo mejor. *No eres más libre cuando haces lo que te apetece, sino cuando eliges aquello que te hace más persona.* Aspirar a lo mejor y tener visión de futuro.

Decálogo para tener una voluntad fuerte

Quiero diseñar un decálogo sobre cómo fomentar la voluntad. Es una manera de atornillar un tema tan rico, complejo e importante como este. Quiero, querido lector, que me sigas despacio y subrayes lo que te parezca más interesante y añadas al margen del texto lo que tú pondrías que falta.

1. La voluntad necesita un aprendizaje gradual que se consigue con la repetición de actos en donde uno se

vence y lucha, cae y se levanta y vuelve a empezar. Esto tiene un nombre: hábito. Es necesario ir adquiriendo hábitos positivos de voluntad, la frecuencia y regularidad de un comportamiento positivo. *La voluntad se conquista en un trabajo secuencial, sucesivo, de aciertos y errores.* Somos animales de hábitos; los buenos se llaman virtudes o valores y los malos se llaman vicios o defectos.

2. Para tener voluntad hay que empezar por negarse y/o vencerse ante estímulos e inclinaciones inmediatas. Esto es realmente difícil en los comienzos. *Toda educación de la voluntad tiene un trasfondo ascético:* esforzado y costoso al principio. Lo resumiría así: *la costumbre de vencerse en lo pequeño.* El campo de batalla es lo diario[1], lo menudo, lo que parece trivial... Ahí hay que librar la pelea sabiendo que esas cosas de escasa importancia son esenciales y si las vencemos nos disponemos hacia lo mejor. El arte de renunciar a lo cercano buscando un bien lejano. ¿Cómo se consigue eso? Hay varias formas; una de ellas

---

1. Yo hablaría aquí de una especie de *tabla de ejercicios de gimnasia de fuerza de voluntad.* Pensemos en un joven estudiante universitario: «Ahora me pongo a estudiar aunque no me apetece, porque sé que es bueno para mí; y más tarde, voy a clase y tomo apuntes aunque me cuesta, porque esto mejorará mi rendimiento; y en otro momento, ordeno mi habitación de trabajo aunque me da pereza, porque quiero mejorar en disciplina; y más adelante, ayudo a un hermano mío más pequeño a hacer sus deberes aunque me es costoso, porque me ayudará a pensar más en los demás que en mí mismo...». Estos serían los ejercicios para llevar a cabo.

Vuelve el *ritornello* citado: *la costumbre de vencerme en lo pequeño.* Así se fortalece la voluntad y se hace robusta, compacta, pétrea, granítica.

es haber tenido vidas fuertes que merecen la pena ser imitadas, en donde esto haya sido la clave; saber decir que no a cosas inmediatas aspirando a otras mediatas, mejores, que nos ayudan como seres humanos... Otras formas, teniendo claro a lo que uno aspira.

3. Cualquier avance en la voluntad se hace más fácil si hay *motivación*. Estar motivado es tener el arco tenso para apuntar al mejor blanco. El ejercicio de tiro con arco en nuestros objetivos, que se estira más gracias a los contenidos que lo motivan. ¡Lo que estudia una persona que prepara oposiciones para llegar a sacarlas! A lo que es capaz de renunciar en cuanto al placer de comer una persona que está motivada para adelgazar. El que sabe lo que quiere tiene la voluntad preparada para la lucha. *Voluntad y motivación forman un binomio inseparable*. Maslow, en su obra *A theory of human motivation,* ordenó las necesidades humanas en cuatro grupos: fisiológicas, de seguridad y protección, de amor y pertenencia y de necesidad de estima. Todas ellas apuntan de alguna manera a la *autorrealización*. Tener un motivo por el que luchar activa la voluntad y la prepara para actuar[2].

---

2. Existe hoy lo que algunos neurobiólogos y psiquiatras dedicados a la investigación llaman el *Síndrome amotivacional o de las tres aes*. Se da en los adictos o consumidores frecuentes de marihuana y que consiste en *apatía, abulia y astenia:* cierta indiferencia afectiva, falta de voluntad y un cansancio anterior al esfuerzo.

Hay mucha bibliografía sobre esto. Dejo aquí un par de referencias: J. L. Cadet, *Neurological assessments of marihuana use,* Methods Mol. Med., 2018;

4. Es fundamental *tener objetivos claros,* precisos, bien delimitados, medibles y además estables (que permanezcan en el tiempo). Cuando esto es así y se pone el esfuerzo por ir hacia delante, los resultados positivos estarán a la vuelta de la esquina. La cabeza no tolera la dispersión de aquello que pretendemos conseguir. Ni tampoco querer abarcar más de lo que uno realmente puede. *Voluntad y constancia forman un bloque esencial,* uno y otro se refuerzan recíprocamente. Aprender a renunciar es sabiduría y paz interior. *Hay que ser capaz de tener una especie de contabilidad de los objetivos, seguirles la pista y ver cómo va uno avanzando hacia ellos.* Comenzar es de todos; continuar, de persona perseverante.
5. Toda educación de la voluntad tiene un fondo austero, sobrio, especialmente cuando se está comenzando. *Saber aceptar que todo comienzo es costoso y empieza casi de cero.* Los ríos desbordados y caudalosos de la juventud deben ser conducidos por un cauce que disciplina los impulsos y agavilla su volumen. Ahí tienen su puesto los padres, por un lado, y los educadores, por otro. Las grandes ambiciones, las mejores aventuras brotan de un pequeño riachuelo que crece poco a poco descendiendo de la montaña y que se hace ancho y crecido en el valle. Ser realistas: todo lo mejor emerge lentamente y de manera

---

G. C. Patton, *Cannabis use and mental health in Young people,* John Wiley. Nueva York, 2018.

pequeña. Aquí entra la importancia de la educación de los *padres,* sobre todo, y de los e*ducadores.* Mostrarles *modelos de identidad atractivos* que le empujen a imitarlos, a seguirlos, a copiar esas vidas de categoría que nos empujan y arrastran a seguir sus huellas. Leer vidas ejemplares[3] en la edad juvenil, bien contadas y con tintes modernos y actuales, es uno de los mejores resortes para tirar hacia arriba en todos los sentidos.

6. *A medida que uno tiene más voluntad, se gobierna mejor y es más dueño de sí mismo* y no se deja llevar por el estímulo inmediato. *Conseguir una voluntad fuerte es patrocinar la alegría.* El dominio de uno mismo es uno de los retos más nobles y que nos elevan por encima de las circunstancias. Se consigue así una segunda naturaleza. Uno no hace lo que le apetece, ni lo más fácil, ni escoge el camino más blando, sino que se dirige hacia lo mejor. Es la aristocracia de la conducta. Si la voluntad está educada, uno es capaz de alcanzar empresas de altura y llegar lejos y ver cómo los sueños se van haciendo realidad.
7. Una persona con voluntad se da cuenta de lo importante que es el orden. *El orden es uno de los mejores*

---

3. En los grandes medios de comunicación no suelen aparecer *modelos de identidad atractivos, sanos, coherentes.* En España hay algunos que empujan a imitarlos, como el tenista Rafael Nadal o el campeón mundial de Fórmula I, Fernando Alonso, o como algunos grandes escritores, como Pérez-Reverte o Juan Manuel de Prada.

Modelos de categoría existen, pero hay que saber buscarlos y ofrecerlos a la gente joven y menos joven de forma moderna, actual y que puedan ser imitados.

amigos de la inteligencia. El orden empieza en la cabeza: el que no sabe lo que quiere no puede ser feliz. Y al mismo tiempo jerarquía de valores, saber lo que es primero y lo que es segundo... sabiendo que es importante evitar la dispersión. Orden en nuestra habitación, despacho o lugar de trabajo. Orden en los horarios. Orden en no querer ser salsa de muchos guisos ni estar desparramado en demasiados asuntos. No olvidar esto: ordenar es tirar lo que sobra y no sirve; en la duda, tirar; esto aporta a la vida personal armonía, equilibrio, paz, serenidad. Cuando uno tiene orden en el día a día, el tiempo se multiplica y se abarcan más cosas. En una palabra: orden en la forma de pensar, de vivir, de trabajar, de superar traumas y adversidades, orden ético y estético. *Si la batalla del orden está ganada, la voluntad está envolviéndola.*

8. Una persona con voluntad alcanza lo que se ha propuesto si es *constante.* Esto significa tenacidad, insistencia, perseverancia, no darse por vencido cuando las cosas empiezan a costar, empeño, tesón férreo. Es la política de los pequeños vencimientos. De ese modo podemos decir que somos enanos a hombros de gigantes. *Voluntad y constancia forman otra unión muy fructífera.* Es la perseverancia: empezar y continuar y no darse uno por vencido. Por ahí asoma la madurez, es otro ángulo de ella. *Constancia es saber esperar y saber continuar.* Es la mejor fórmula contra la fatiga. Lo dice Unamuno en su *Diario íntimo:* «No

darse por vencido, ni aún vencido; no darse por esclavo, ni aún esclavo». El que tiene voluntad y constancia no se apunta a *objetivos a corto plazo,* sino que tiene una mirada que apunta a la lejanía y salva así el *cortoplacismo* de la visión corta e inmediata.

9. *Una buena educación de la voluntad es un indicador claro de madurez psicológica.* No hay que olvidar que cualquier avance de la voluntad se acrecienta con su uso y se hace más eficaz a medida que se incorpora con firmeza a la ingeniería de la conducta. Una persona con voluntad llega en la vida más lejos que una persona inteligente. Y, al revés, una persona sin voluntad está siempre a merced de sus caprichos, traída y llevada y tiranizada por la filosofía del «me apetece». Por ese camino se va llegando a lo que yo llamo la *felicidad razonable,* que significa dos cosas: *vida lograda* y *autorrealización.* Haber sabido sacarle a la vida el máximo partido a pesar de los pesares, de nuestras limitaciones, errores y salidas de la travesía inicialmente marcada.
10. *La educación de la voluntad no se termina nunca.* Lo que quiere decir que el ser humano es siempre una sinfonía inacabada. Cuando el tiempo se pose amarillo sobre nuestras fotografías, ojalá podamos decir: «Confieso que he intentado sacar lo mejor de mí mismo». Intentar hacer de la vida personal una pequeña obra de arte cada uno según sus capacidades, exigencias y puntos de partida. Trabajo de artesanía psicológica que cada uno debe hacer consigo mismo. Está

claro que el haber tenido ejemplos cercanos positivos facilita mucho las cosas: los *modelos de identidad positivos* tienen gancho y arrastran a ser imitados; lo he dicho por activa y por pasiva. *El verdadero objetivo de la voluntad es la victoria sobre uno mismo.*

Termino. *Nihil difficile volenti,* leí en una casa italiana, en el frontispicio de su entrada: «Nada es difícil si hay voluntad». Buena parte del éxito o del fracaso en la vida personal depende de la educación de la voluntad. Hoy en día en la Psicología moderna *se considera que la voluntad es más importante que la inteligencia.*

lección 11.ª

Los diferentes modelos de felicidad*

La felicidad: tema interminable y poliédrico

El tema de la felicidad es interminable. Es un pozo sin fondo. Se la puede deonominar de muchas maneras, enfocarla desde muy diversos ángulos, aproximarse a ella con muy distintas ópticas... En Estados Unidos aparece en su Declaración de Independencia («... como un cierto derecho inalienable a la vida, la libertad y la búsqueda de la felicidad»). La Constitución española de 1812, de las Cortes de Cádiz («El objeto del Gobierno es la felicidad de la Nación, puesto que el fin de toda sociedad política no es otro que el bienestar de los individuos que la componen»), la nombra como un objetivo prioritario. Lo es igual en otras Constituciones, como en Francia, Japón, Corea del Sur. Un pequeño país como Buthan, situado en la frontera entre

* Conferencia pronunciada en el Palacio de Exposiciones Masse-Palast de Viena los días 11 y 12 de diciembre de 2015.

China e India, establece a la felicidad como medición de prosperidad[1].

Pero, insisto, la felicidad es un asunto tan complejo, escurridizo, volátil, de contornos mal definidos y lleno de valles y quebradas. Yo, como psiquiatra, como persona dedicada a problemas psicológicos y a gente que sufre algún tipo de enfermedad psíquica, lo que veo a diario es justamente lo contrario: gente infeliz, que lo pasa mal, que no quiere vivir, que está deprimida, hundida, sin esperanza... O con ansiedad, o con vivencias del pasado tan negativas que no puede librarse de ellas. Pero no ya en mi caso de médico psiquiatra, sino en la vida misma, en nuestro entorno más cercano vemos tanta gente sufriendo y que el nivel de felicidad es tan bajo que parece casi una utopía hablar de este tema. Por eso adentrarnos en su núcleo es tan difícil, porque nos salen muchas cosas al encuentro cuando tratamos de apresar su significado[2], su contenido, lo que la define de modo más preciso.

---

1. Estuve allí hace algunos veranos con la familia y pude comprobar esto en directo. Fue en el año 2013. Está al norte de China, al oeste de Nepal, al sureste de Birmania y al este del Himalaya. Se trata de una tierra repleta de mitos y leyendas budistas. Es muy pequeña, tiene la extensión de la provincia española de Santander. La capital es Thimphu y la segunda ciudad es Paro, la única que tiene aeropuerto en el país. Las carreteras son muy malas, puede uno tardar entre cuatro y cinco horas en recorrer cien kilómetros.

2. La bibliografía sobre el tema de la felicidad es ingente. Al final del libro trataré de poner lo que a mí me ha parecido más destacable: desde investigaciones estadísticas con gran rigor metodológico, pasando por estudios sociales o libros más o menos psicológicos que se cuelan en este asunto desde vericuetos bien distintos.

Entra un cierto desánimo al ver tanta y tanta información, tan diversa como variopinta.

La felicidad en el mundo clásico

La palabra existe en todas las lenguas. La palabra *felicidad* en español proviene del latín *felicitas,* que inicialmente significaba «fertilidad, prosperidad» y posteriormente adquirió un sentido más personal. Existen dos expresiones en griego que son *eudiamonía,* que se refiere a felicidad como suerte o prosperidad, y *makariótes*. En italiano *felicitá;* en francés hay dos nombres: *félicité* y, por otro lado, *bonheur;* en inglés, *happiness,* que es la más común y también, *luck,* que significa sobre todo suerte; en alemán, *glück*. Pero el perímetro del término es muy amplio y se abre a cosas más o menos parecidas: *gaudium* (gozo), *laetitia* (alegría), placer, contento, etc.

Voy a dar una pincelada histórica de lo que a mí me parece más sobresaliente a este respecto. Solo una ojeada panorámica que nos abre las puertas de la riqueza y diversidad de concepciones que se han ido dando. Es algo zigzagueante, travieso, diluido, de contornos mal dibujados... Como un pájaro que cuando parece que lo estamos apresando echa a volar. *La felicidad tiene que ver con muchas cosas, es un concepto polivalente.* Los recursos de pensamiento y estilísticos nos ofrecen una paleta de pinturas diversas sobre lo que hay dentro de esta palabra mágica y repleta de significados.

Para Sócrates la felicidad consistía en *conocerse a sí mismo*. Para Platón en el *amor;* y dice en su libro *El banquete: «Amor es el deseo de engendrar en la belleza»*. Él se pregunta si el amor es un dios y añade que *eros* es su intermediario, está entre el hombre y dios. Aristóteles dice que la felicidad consiste en *el bien*. ¿Qué es esto? El bien es lo que todos apetecen. Aquello que es capaz de saciar la más profunda sed del hombre. En su libro *Ética a Nicómaco* dice que *«el bien es la inclinación natural a la propia plenitud, que es auto-realización»*. El bien es la idea suprema. Aquello a lo que tienden todas las cosas. Para él, vivir bien es obrar bien y eso es lo mismo que ser feliz. Los tres, Sócrates, Platón y Aristóteles, corresponden al siglo IV antes de Cristo. En general, el pensamiento griego estaba centrado en la *ataraxia*, que era paz interior.

Para Pitágoras (siglo V a. de C.) la clave es alcanzar la *armonía*. Epicuro (siglo III a. de C.) dice que la felicidad consiste en el *placer* y la persona que sabe disfrutar de ello se siente bien. Séneca (siglo I d. de C.), en su libro *Sobre la felicidad*, nos da un giro muy interesante. La felicidad consiste en la *virtud*, que es el hábito de obrar bien; él fue maestro de oratoria de Nerón[3]. Su libro es una verdadera joya y nos llega a decir que nadie puede llamarse feliz si está lejos de la virtud.

Lucrecio (siglo I d. de C.) nos dice que la felicidad está en *pacata posse omnia mente tueri*, poder contemplar todas las cosas con mente serena. Contemporáneo suyo, Cicerón, filósofo, abogado y gran orador, nos dice que *la felicidad*

---

3. Nerón era un manual de psiquiatría ambulante. Su maldad era terrible: mandó matar a su madre, Agripina, quemó Roma y culpó a los primeros cristianos de ello... y también mando matar a Séneca. Recomiendo al lector interesado un libro que rescaté de la biblioteca de mi padre, de Diderot (uno de los padres de la Ilustración francesa, titulado *Vida de Séneca*, Espasa Calpe, Madrid, 1952. Nos dice este autor: «Séneca vivió y murió como un sabio. Él enseñó con los preceptos y con su ejemplo. Feliz es aquel que puede ofrecernos los dos». Es definitiva: *la ejemplaridad es la mejor elocuencia.*

es el fin de la vida, intentando despreciar todas las vicisitudes humanas. San Agustín (siglo IV d. de C.) da una breve y sólida definición: *la felicidad es la alegría en la verdad.* Boecio (siglo VI d. de C.) deja esta: *possesio boni, tota, simul et perfecta,* la posesión total y simultánea del bien.

La felicidad en el pensamiento moderno

Quiero dejar algunos pensadores más en esta breve excursión. Descartes (siglo XVII) afirmaba que la felicidad consistía en un contento perfecto interior, una satisfacción privada que depende de nosotros, un bien supremo. Parece una definición bastante utópica a pesar de su racionalismo. Leibniz (siglos XVII-XVIII): «No hay nada más perfecto que Dios y es en el amor a Dios donde radica y donde encontramos la felicidad». Su libro, *Tratado de las pasiones del alma,* se podría decir que está escrito para la princesa Isabel de Bohemia, que era lectora asidua de sus escritos; era joven y atractiva y muy cultivada en temas filosóficos; en ese libro hay muchas cartas sobre problemas humanos. Ella tenía mucho interés por conocer los entresijos de la felicidad y Descartes le recomendó que leyera el libro de Séneca, *Sobre la felicidad,* y se quedó entusiasmada. El propio Descartes hace una distinción entre la *suerte* y la *felicidad:* la primera depende de las cosas exteriores (dinero, salud, honores, etc.), de lo que nos sucede en la vida; mientras que la segunda consiste en un contento interior, en un estado de ánimo de cierta permanencia, independientemente de lo que venga de fuera, son hechos que dependen de nosotros y tienen que ver con la virtud y la sabiduría.

En esa misma época nos encontramos con Pascal que viene a decirnos que es casi imposible ser feliz, pues hay dos factores que lo impiden: la *imaginación* y el *futuro*. Ambos crean expectativas negativas; la primera porque se abre a posibilidades negativas que circulan por la mente y no le dejan a uno tranquilo y la segunda porque siempre hay preocupaciones, dudas, dificultades reales que asoman en la vida y la ensombrecen. En su libro *Pensamientos* nos dice: «No nos limitamos al tiempo presente. Anticipamos el porvenir... Examine cada cual sus pensamientos, los encontrará enteramente ocupados en el pasado o en el porvenir. No pensamos apenas en el presente... El presente no es nunca nuestro fin: el pasado y el presente son nuestros medios; solo el porvenir es nuestro fin». Ese vivir permanentemente proyectados hacia el futuro nos aflige y nos lastima.

Benito Spinoza fue uno de los grandes pensadores del siglo XVII. Para él *la felicidad consistía en la satisfacción de los deseos*. El deseo es la esencia misma del hombre. Leemos de él: «Nadie puede desear ser feliz, obrar bien y vivir bien sin desear al mismo tiempo vivir la realidad actual... El hombre libre en ninguna cosa piensa menos que en la muerte; y su sabiduría no es meditación de la muerte, sino de la vida». Yo lo diría de otra manera: «toda filosofía nace a orillas de la muerte y toda filosofía es meditación sobre la vida». También él se aproxima a Séneca cuando dice que la felicidad no es el premio de la virtud, sino la virtud misma. En resumidas cuentas: *la felicidad es la virtud*.

Kant (siglos XVIII-XIX) en su libro *Crítica de la razón práctica,* dice que la felicidad es más algo de la imaginación que de la realidad y que, de encontrarse, es en Dios donde se halla, en donde se dan las leyes naturales y sobrenaturales a la vez, en perfecta armonía. El padre del Psicoanálisis, Freud, nos habla de la *teoría de las tres instancias.* El *ello:* que es la parte de la personalidad orientada hacia los instintos y la satisfacción de la sexualidad; el *super yo:* que quiere imponer las normas sociales, y la *realidad,* que es lo que hay, lo que existe en nuestro entorno; y el *yo:* que es el centro rector de la personalidad. La felicidad freudiana es *liberar el principio del placer frente al principio de la realidad: que sea la libido la que se desarrolle...* La realización de las pulsiones instintivas hace al hombre feliz. Y, por el contrario, la represión sexual lleva a la neurosis[4].

La felicidad en el pensamiento cristiano

Quiero lanzar una ojeada puesto que la teología ha insistido una y otra vez en darnos una definición de la felicidad.

---

4. Años más tarde, la misma hija de Freud, Anna, hacía una crítica muy dura de su padre, diciendo que se había producido la liberación sexual de forma muy ostensible y el ser humano que seguía esa dirección no era más feliz, sino lo contrario. Hoy esto lo vemos con enorme claridad: la primera revolución sexual viene del *Mayo del 68* de París y la segunda de *los años 90 con la permisividad y el relativismo...* Y el resultado lo tenemos a la vuelta de la esquina, una nueva psicopatología sexual se ha ido instalando en nuestra sociedad que ya no tiene ni referente ni remitente: es el todo vale.

Freud tuvo algunos aciertos psicológicos y muchos y graves errores.

Se ha llamado mucho la atención sobre la *felicidad en la otra vida* o, dicho de otro modo, que encontrarla en esta vida es harto difícil. De hecho, el *Catecismo* de la Iglesia Católica dice que *la felicidad consiste en conocer y amar a Dios*. Son dos operaciones: *conocer*, que es el primer paso, y después *amar*. Dice un texto clásico latino *«nihil cognitum nisi praecognitum»*, no se puede amar lo que no se conoce. Esta sencillez nos deja un poco atónitos. Lo que es cierto es que vivimos en una época poscristiana, en donde hay mucha gente de la vieja Europa, sobre todo, que vive como si Dios no existiera o a espaldas de lo verdaderamente espiritual, que ha sido sustituido por distintas modalidades livianas que van desde el *New Age* como religión a la carta, al hinduismo o las místicas orientales que han crecido de cierta manera.

San Pablo es uno de los padres del cristianismo. Lo combatió en sus comienzos de forma insistente hasta que en el camino de Damasco se cayó del caballo en el que iba y fue el propio Jesús quien apareció en su vida y la transformó. Sus escritos recogidos en el *Nuevo Testamento* son de una enorme fuerza. Su decisión fue predicar el *Evangelio* a los gentiles. Él era judío, de una familia observante. Celoso de las tradiciones paternas había recibido una cuidadosa educación a los pies de Gamaliel, en la helenística ciudad de Tarso (siguiendo las ideas de los pensadores estoicos), donde había una notable escuela de oradores. Recorrió desde el mar Adriático a Asia Menor, desde Corinto a Éfeso y en sus cartas nos dejo el sello de su pensamiento en el que llega a decir: «Para mí el vivir es Cristo y el morir ganancia».

Una de sus cartas más excepcionales, lo que se ha denominado *El himno de la caridad* (primera carta a los Corintios, 13 y ss.): «Si hablara las lenguas de los hombres y de los ángeles y no tengo caridad soy como bronce que suena o como címbalo que retiñe. Y si tuviera el don de profecía y conociera todos los misterios y toda la ciencia y aunque tuviera tanta fe como para trasladar montañas, si no tengo caridad, no soy nada... La caridad es paciente, es servicial; la caridad no es envidiosa. No es jactanciosa, no se engría, no es ambiciosa, no busca su propio interés, no se irrita, no lleva cuentas del mal, no se alegra de la injusticia, se alegra de la verdad. Todo lo cree, todo lo espera, todo lo tolera...». Es un texto antológico. Para él *la felicidad consiste en amar a Dios y vivir la caridad.*

Mencionaré dos personajes españoles que a mí personalmente me parecen muy representativos: santa Teresa de Ávila y san Juan de la Cruz. Cada uno de ellos nos ofrece matices distintos de lo que es la felicidad desde el punto de vista cristiano. La primera[5] (1515-1582) es una mujer excepcional, pues en el siglo XVI las mujeres no tenían reso-

---

5. Sus *Obras completas,* Aguilar, Madrid, 1956; quizá lo más representativo son sus poesías (pág. 754 y ss.) pero su libro *Vida* está lleno de fuerza, de vigor psicológico y de un sentido espiritual más propio del siglo XX que del XVI.

Sus comentarios al *Cantar de los cantares* fueron muy criticados por los sacerdotes de su tiempo por el contenido erótico de algunos de ellos. No olvidemos que el gran humanista fray Luis de León estuvo en la cárcel por traducir ese mismo texto del latín al castellano. Allí pasó cuatro años que fueron muy positivos para él, pues escribió sus mejores textos. La acusación contra él fue porque prefirió el *Cantar de los cantares* en la versión hebrea que la latina, cosa que en ese momento estaba prohibida.

nancia, ni social ni intelectual. Sus escritos están llenos de fuerza; desde su *Vida* pasando por *Camino de perfección* o *Las moradas* o sus pensamientos, cartas y, por supuesto, sus poesías. Su idea es concebir la vida como si solo existieran en el Universo la persona y Dios: «Sentarse en soledad y conversar con Dios». Para ella *felicidad es amistad con Dios, trato y cercanía.* Y todo lo demás es nada y menos que nada. Su célebre poesía lo resume de esta manera:

> Nada te turbe,
> nada te espante,
> todo se pasa,
> Dios no se muda,
> la paciencia
> todo lo alcanza:
> quien a Dios tiene
> nada le falta:
> solo Dios basta.

Aquí hay una síntesis perfecta de su modo de pensar. Ella habla de los grados de oración y los compara con la tarea de sacar agua de un pozo. El primer grado es un gran trabajo porque esa persona tiene que recoger los sentidos que están desparramados en muchas cosas y le cuesta mucho el diálogo con Dios; el segundo es sacar agua con noria y arcaduces, es menos trabajoso pero con esta tarea se riega el huerto donde Dios viene a complacerse y los brazos se cansan de esa labor; el tercer grado consiste en regar este huerto con el agua de un arroyo y la tierra se empapa de agua.

Soledad, silencio y humildad; el cuarto grado es el máximo, y es la lluvia que lo riega Dios sin ningún trabajo por parte de esa persona y es lo mejor de todo. Ella dice que «la clave está en saber descubrir que el Señor anda entre pucheros», es decir, encontrar ese trato divino en las cosas de la vida ordinaria. Cito un poema de ella que me parece igualmente muy significativo:

> Dichoso el corazón enamorado
> que en solo Dios ha puesto el pensamiento,
> por Él renuncia a todo lo criado
> y en Él halla su gloria y su contento.
> Aún de sí mismo vive descuidado,
> porque en su Dios está todo su intento
> y así alegre pasa y muy gozoso
> las ondas de este mar tempestuoso.

San Juan de la Cruz (1542-1591) era mucho más joven que la anterior[6], pero tuvo una enorme influencia en ella.

---

6. Llevo muchos años consultando una edición de su *Vida y obras de san Juan de la Cruz,* BAC, Madrid, 1973. En mi opinión, la *Subida al monte Carmelo* es sublime y no es otra cosa que la explicación de sus canciones apoyándose siempre en las *Sagradas Escrituras.*

Hay un libro suyo que me recuerda mucho a los célebres *Pensamientos* de Pascal y que se llama *Dichos de luz y de amor:* son sentencias, frases breves pero de una belleza e intensidad extraordinarias en donde nos deja caer muchas ideas sobre lo que es para él la auténtica felicidad. Copio algunas en el texto del libro.

Billy Graham escribió hace años un libro inspirado en las *Bienaventuranzas,* sugerente, que analiza cada una de ellas con detalle. *El secreto de la felicidad,* Oasis, Barcelona, 1982.

En él encontramos la ascética, es decir, el desprendimiento de todo para estar libre de ataduras y buscar solo a Dios. De hecho, en su poesía *Noche oscura del alma* leemos lo siguiente:

> En una noche oscura,
> con ansias en amores inflamada,
> ¡oh dichosa ventura!,
> salí sin ser notada,
> estando ya mi casa sosegada.
>
> A oscuras y segura
> por la secreta escala, disfrazada
> ¡oh dichosa ventura!,
> a oscuras y en celada,
> estando ya mi casa sosegada.

La expresión *estando ya mi casa sosegada* la explica su autor de la siguiente manera: «Para llegar a la unión perfecta del amor de Dios hay que saber que son tantas y tan profundas las tinieblas y trabajos, así espirituales como temporales... Es como una noche oscura, hay que andar desprendido de todo, desasirse... desnudos de las cosas temporales». Para san Juan de la Cruz *la felicidad se alcanza por la resta, por no tener nada, por no estar asido a nada... tener dominadas las pasiones*.

En *Dichos de luz y amor* hay muchas ideas en donde él deja bien claro qué es y dónde se encuentra la verdadera felicidad para una persona de profunda religiosidad: «El que solo quiere estar sin arrimo de maestro y guía será como el árbol que está solo y sin dueño en el campo, que por más fruta que tenga los viadores se la cogerán y no llegará a sazón». «El alma sola, sin maestro, es como el carbón encendido que está solo, antes se irá enfriando que encendiendo». «Niega tus deseos y hallarás lo que busca tu corazón». «El que de los apetitos no se dejare llevar volará ligero como el ave a la que no le falta pluma». «No te conocía yo a ti, ¡oh Señor mío!, porque todavía quería saber y gustar cosas». «Escoge para ti un espíritu robusto, no asido a nada y hallarás dulzura y paz en abundancia porque la sabrosa y durable fruta en tierra fría y seca se coge». «La felicidad está en aquel que tiene vencidas todas las cosas, que ni el gusto por ellas le mueve a gozo, ni el desabrimiento le causa tristeza». «Para llegar a donde quieres tienes que ir por donde no quieres». «Desasida de lo exterior, desposesionada de lo interior, ni lo próspero la detiene ni lo adverso la impide».

En una palabra, vuelve la ascética. Hay dos modalidades de *felicidad: por la resta o por la suma.* La primera aparece en la mística clásica y la hemos visto en santa Teresa de Ávila y en san Juan de la Cruz. El amor entre el esposo (Dios) y la esposa (el alma).

La felicidad como deseo

Ser feliz es tener lo que uno desea. ¿Qué es el *deseo?* Desear es pretender algo con un cierto ímpetu, con mucho interés y que nos empuja en esa dirección buscando su gozo y permanencia. *En el deseo hay anhelo, conocimiento previo de lo que es y que su posesión es placer, satisfacción disfrute.* Pero el deseo es carencia. Es aquello que no tenemos y lo buscamos. *El ser humano es un animal de deseos.* Sartre decía que «el placer es la muerte de los deseos»[7]. Siempre deseamos lo que no tenemos. Hace unos días cruzaba por un paso de cebra de Madrid y vi cómo un ciego cruzaba al mismo tiempo y dos señoras que lo vieron comentaron: «¡Qué feliz sería ese hombre si viera!». Solo con recuperar la vista, simplemente con ver, él sería feliz. Y, según esto, las personas que estábamos a su alrededor y que vemos bien deberíamos sentirnos felices... La vista solo puede hacer feliz a un ciego. La salud solo puede hacer feliz a alguien que está enfermo. La alegría solo puede hacer feliz a aquel que está triste. Una persona con crisis de pánico sería feliz si no las tuviera, si apareciera en ella la paz, la serenidad.

Cuando el deseo es satisfecho, estoy bien. Pero con cierta frecuencia decimos: «¡Qué feliz sería yo si...!». Los deseos son pendulares, van, vienen y cuando se cumplen aparecen otros. Llegados a este punto quiero hacer una distinción que me parece interesante entre *deseo* y *esperanza*. Pueden parecer similares, pero hay alguna diferencia de interés aunque tienen una cierta ligazón. Definir es fijar un concepto, delimitarlo. *El deseo es inclinación a gozar y el placer es su acto; es apetito concreto, que se dirige a una*

7. Véase su libro *El ser y la nada*. E insiste: cuando un deseo queda satisfecho, ese deseo muere, desaparece.

meta. Mientras que *la esperanza es un deseo que carece de objeto, que ignoramos si será o no satisfecho porque no depende de uno mismo.* Dicho de otra manera: *el deseo es una inclinación que depende de nosotros, la esperanza es un deseo cuya satisfacción no depende de nosotros.* Son muchos los matices que aquí podemos encontrar, pero podemos atisbar algunas diferencias interesantes para nuestro análisis un poco zigzagueante.

En este sentido que vengo exponiendo podríamos decir que todas las teorías de la felicidad (en relación con el deseo) se pueden inscribir dentro de dos polos contrarios: *la felicidad por el deseo, el placer, el bienestar, el nivel de vida,* por una parte. Y por otra, *la felicidad por la renuncia, por la ascética, por la austeridad...* Lo he dicho antes: *felicidad por la suma,* hoy en auge en esta sociedad de consumo y centrada en lo material; y *la felicidad por la resta,* hoy muy escasa por la pérdida de una espiritualidad profunda de corte judeo-cristiano. De aquí se desprende que hay una *felicidad objetiva* que se puede medir y que está centrada en el bienestar[8], nivel de vida, seguridad, evitación del do-

---

8. Se trata de una reducción material y que se ha ido extendiendo en todas las lenguas. En inglés es *walfare,* en francés *bien-être,* en italiano *benessere*, en alemán *wohlstand.* Su origen es psicológico, es un estado de ánimo en el que uno se siente bien. Es una mezcla de poseer lo necesario y más, pero también tranquilidad, que es seguridad. La felicidad se vuelve cuantitativa. Hoy lo estadístico lo llena todo y cualquier trabajo de investigación tiene una base matemática.

Nuestro equipo del Instituto Español de Investigaciones Psiquiátricas de Madrid está haciendo una investigación sobre la felicidad utilizando una *Escala de evaluación de la felicidad* diseñada por el profesor de Psicología de la Universidad de Oxford, Michael Argyle. Para ello se comparan seis modalida-

lor y búsqueda del placer, poder, dinero, influencia, etc. Y otra *felicidad subjetiva,* que depende de la interpretación que se haga de la existencia y que no necesariamente está centrada en cosas materiales: consiste en otra visión más personal y relacionada con el programa de vida de cada uno.

La felicidad como autorrealización

La felicidad es un ideal que cualquier ser humano busca, sabiéndolo o sin saberlo, y que a la postre consiste en la *mejor realización de uno mismo.* Dicho de otro modo, *felicidad significa un cierto estado de plenitud.* Julián Marías[9] lo dice así: «Toda pretensión humana es pretensión de felicidad». Vuelvo a dos dimensiones de ella ya mencionadas y que conviene no perder de vista: una *exterior y objetiva,* que se ve desde fuera; y otra *interior y subjetiva,* que hay que captar desde dentro, buceando en la intimidad. La felicidad objetiva es *una vida lograda,* haber conseguido el mejor desarrollo personal posible de tal manera que las principales facultades de la persona se juntan en una buena armonía. *Felicidad es armonía, buen equilibrio,*

---

des de pacientes psíquicos con un grupo de control (escogido al azar) y se comprueban las diferencias estadísticas por grupos.

9. Su libro *La felicidad humana*, Alianza Editorial, Madrid, 1987, es un recorrido bastante filosófico sobre lo que se ha dicho e interpretado sobre este anchuroso tema. Para él «la felicidad es un imposible necesario... Nuestra vida consiste en el esfuerzo por lograr parcelas, islas de felicidad, anticipaciones de la felicidad plena».

razones y sentimientos entre ideales y resultados, entre objetivos y logros. Esa es la máxima aspiración, aquello que colma nuestros deseos. Pero ese planteamiento nos lleva a hacernos la siguiente pregunta: ¿qué bienes hacen feliz al ser humano? La respuesta la he formulado antes y la repito ahora: *la felicidad consiste en una vida lograda.* Que no es otra cosa que *una vida plena... La felicidad es igual a plenitud.*

Viene a continuación la felicidad subjetiva, *desde dentro* de uno mismo, según nuestros planteamientos más privados, el sentido que yo le he dado a mi vida. Tomás Moro murió en la cárcel de Londres en 1535, solo, sin dinero, un verdugo le cortaría la cabeza con un hacha... Y, sin embargo, en su último libro dice que está feliz[10]. Teresa de Calcuta decía que ella era la mujer más feliz del mundo viviendo entre los pobres de los más pobres de la India, ayudando a bien morir a los moribundos que están absolutamente solos[11].

---

10. Es impresionante el relato que hace del último año de vida que pasó en la torre de la cárcel de Londres: *Un hombre solo: cartas desde la torre,* Rialp, Madrid, 1999. Lo he dicho con anterioridad: *la felicidad no depende de la realidad, sino de la interpretación de la realidad que uno hace.* Y esa depende de nuestras motivaciones más íntimas, del sentido que cada uno le da a su vida.

Uno muere como ha vivido. La persona que quiere la eutanasia deja al descubierto que su vida ha tenido un sentido muy endeble, muy poco sólido... y ante el gran final, en donde empieza el pensamiento, todo se derrumba... Lo he dicho en varios momentos de este libro: *toda filosofía nace a orillas de la muerte,* entender el sentido de la vida se complementa con captar lo que significa la muerte.

11. Su libro más emblemático es *La alegría de darse a los demás,* Ediciones Paulinas, Madrid, 2007, donde nos recuerda que al final de nuestra vida seremos examinados de amor, porque «el cristiano es una persona que se da». Así de sencillo y de claro.

Vivir es proyectarse, anticiparse. Aquello que uno le pide a la vida. En ese sentido, la felicidad es un estado de ánimo positivo que consiste en sentirse uno relativamente bien al comprobar que se están realizando los propósitos que uno ha ido elaborando. Toda realización es incompleta *porque el hombre es un animal descontento:* son tantos los matices y la complejidad de cualquier existencia que toda realización personal es siempre insuficiente, o se queda corta, o ha habido que reconducirla por las mil y unas peripecias que tiene cualquier vida. Hacen falta unas mínimas condiciones de salida y de permanencia, arranque y luego de positividad. Esta dimensión subjetiva tiene que ver con la trascendencia: es el sentido de la vida enlazado con una visión espiritual en donde, incluso en situaciones de gran adversidad, uno se siente bien: falta de dinero, tristeza, sinsabores, desgracias, enfermedades, falta de calidad de vida... *La felicidad no está en el tener, sino en el ser.* Esto es: *ser persona íntegra* capaz de reunir todas las parcelas de la existencia en un haz que resume una dirección, un objetivo, una coherencia interior pero evitando las utopías, siendo realista. *La felicidad desde dentro* es una especial sabiduría para relativizar los hechos que nos suceden mirando hacia una meta alta, que está por encima de los avatares y las circunstancias de la vida. Esta tiene mucho que ver con lo que nosotros queremos ser o con las ilusiones que nos hemos ido forjando y los retos que nos hemos planteado cuando éramos jóvenes y, más tarde, en una primera madurez, aceptando tantos hechos y circunstancias como nos van sucediendo, de distintos signos y matices.

Hay gente que no cree en la felicidad porque la ve como una ilusión sin base o como algo imposible; y esto sucede así porque piensan en la felicidad total y absoluta y, además, permanente, y está claro que ese estado es difícil de conseguir. Hablamos aquí de *un mínimo de felicidad basal* que, incluso en vidas muy rotas y abundantes en fracasos de diversos tipos, asoma como telón de fondo, un pensamiento positivo de que todo podrá cambiar y esa esperanza es buena porque, si no, la vida se puede convertir en algo insufrible. Es la *felicidad como expectativa,* porque esta es una de las dimensiones más esenciales de ella: el futuro. Esperar que las cosas personales giren y tomen un camino mejor para nosotros. Repito, *no hay felicidad sin amor.* Incluso leyendo las durísimas condiciones de vida en el comunismo soviético más duro, nunca se pierde totalmente la esperanza de que esas circunstancias tan desoladoras puedan cambiar, aunque no se vea ningún resquicio al respecto. Esto lo cuenta una de las historiadoras que probablemente mejor conoce este tema, Anna Applebaum[12], en su libro *Gulag. Historia de los campos de concentración soviéticos,* en donde nos enseña con detalle todo lo que ocurrió allí desde octubre de 1917. Me atrevería

---

12. Su libro se titula *Gulag. Historia de los campos de concentración soviéticos,* Debate, Barcelona, 2008. En la misma línea recomiendo vivamente una historia apasionante, Walter Cizseck, *Caminando por valles oscuros,* Ediciones Palabra, Madrid, 2015.

a decir que, en relación con el futuro, la felicidad es anticipación de lo mejor. *La felicidad como expectativa de lo bueno, de aquello que está por llegar.* La felicidad está poco en el pasado, bastante en el presente y mucho en el futuro: esa es la mejor fórmula en relación con la temporalidad.

lección 12.ª

Diez consejos para ser feliz*

En el capítulo anterior he ido dando una serie de pinceladas sobre la felicidad[1] pues son muchos los matices y recovecos que se dan en ella. A la felicidad se la puede nombrar de muchas maneras pues tiene que ver con muchas cosas. Es una realidad difícil de aprehender, vaporosa, etérea, desdibujada, de perfiles borrosos. Ahora, en este capítulo, quiero resumirlo haciendo un decálogo (a los que soy tan aficionado) con el fin de que el lector pueda ver una lista concreta con la que conecte o critique, o él mismo la cambie y la mejore. Voy con ella.

1. *La felicidad consiste en ser capaz de cerrar las heridas del pasado.* Necesitamos reconciliarnos con nuestro pasa-

---

* Conferencia pronunciada en el Club Siglo XXI de Madrid el 13 de abril de 2017.

1. Tema interminable. La bibliografía es un mar sin orillas, es fácil naufragar ante tanta información y tan diversa. Ha sido para mí una tarea de síntesis difícil, tratando de espigar lo que era esencial desde mi óptica personal.

do. Superar traumas, impactos negativos, reveses, fracasos y un largo etcétera en esa misma dirección. El catálogo de hechos que pueden sucedernos en malo es un pozo sin fondo y es importante que sepamos saltar por encima de ellos. Hay una *ecuación temporal de la persona equilibrada* que podría resumirse de este modo: haber sido capaz de cerrar las heridas del *pasado* con todo lo que eso significa, aceptando la complejidad y las dificultades de cualquier existencia; vivir instalado en el *presente* sabiendo sacarle el máximo partido, es el célebre *carpe diem* de los clásicos: aprovecha el momento, vive el instante... a pesar de su fugacidad; y, sobre todo, vive empapado de *futuro,* que es la dimensión más prometedora, lo que está por llegar, el porvenir... Siempre esperamos lo mejor, a pesar de los pesares. Lo he dicho de otro modo: *la felicidad consiste en tener buena salud y mala memoria.* Los psicólogos y los psiquiatras sabemos lo importante que es ayudar a nuestros pacientes a hacer la cirugía estética del pasado, cerrando heridas de forma definitiva y sabiendo encajarlas de forma adecuada en el organigrama de nuestra biografía.

Cuando esto no sucede porque esa persona es incapaz de olvidarse de verdad de esa colección de hechos nefastos, corre el riesgo de convertirse en una persona agria, amargada, dolida, resentida[2] y echada a perder. En términos psiquiá-

2. La palabra resentimiento significa literalmente *sentirse dolido y no olvidar.* En esa travesía asoma el rencor, que es una reacción de los débiles y que vuelve esclavo al que ahí se instala. Nietzsche, en su libro *Genealogía de la moral,* dice que «es la rebelión de los esclavos». Es mejor el perdón y, si se puede, la misericordia, que tiene un mayor grado de superioridad.

tricos, se convierte en *neurótica* por esa rampa deslizante y se va viendo invadida de conflictos no resueltos que, antes o después, asoman y la dañan y la vuelven *tóxica*. El rencor deteriora por dentro. Y el que alienta traiciones, las hace. *La felicidad es el sufrimiento superado*, así de claro[3]. Son muchos los ejemplos que vienen a mi cabeza de personajes por los que siento mucha estima: desde Tomás Moro a Aleksandr Solzhenitsyn, pasando por Nelson Mandela o Vaclav Havel; o casos menos conocidos como Walter Ciszek o Van Thuan[4]. En muchos de ellos todo ha sucedido de forma terrible y brutal. Amar es afirmar al otro y amar es perdonar y luchar por olvidar los agravios recibidos, y eso requiere generosidad y esfuerzo.

2. *Aprender a tener una visión positiva de la vida*. Esto hay que aprenderlo, como casi todo en esta vida. De uno mismo y de nuestro entorno. El optimismo es una forma positiva de captar la realidad. Y eso requiere una educación de la mirada para ser capaces de, además de ver lo negativo, poder captar el ángulo positivo que muchas veces permanece escondido o camuflado y que es necesario ir detrás de él. Es sorprendente cómo hay personas inmunes al desánimo y que se crecen ante las dificultades... Y, al mismo tiempo, otras son demasiado débiles y se derrumban ante

3. Lo que pierde a una persona es el desaliento.

4. Conozco la vida y milagros de cada uno de ellos y me parece digna de ser imitada. Al final del libro, en la bibliografía, los mencionaré para los lectores más ávidos de conocimiento.

contratiempos relativamente pequeños del día a día u otros de mediana intensidad y se vienen abajo.

¿Se nace optimista? ¿Puede un pesimista dejar de serlo? La clave está en el esfuerzo psicológico, un trabajo de artesanía personal mediante el cual vamos siendo capaces de descubrir la dimensión más positiva de la realidad, ese segmento que se esconde en el fondo de los hechos y que tiene unas notas positivas que es bueno descubrir porque nos pueden enseñar lecciones muy sabias. Traigo aquí el caso de Boris Cyrulnik, judío sefardita francés, que vio morir en las cámaras de gas del campo de concentración de Auschwitz a sus padres y a dos hermanos. Logró escapar por debajo de una verja, siendo él un manojo de huesos, y estuvo deambulando por las cercanías del campo. Quería tres cosas: que una familia lo acogiera, estudiar la carrera de Medicina y ser psiquiatra. Y consiguió las tres. Es uno de los padres del movimiento psicológico llamado *resiliencia,* definido como una corriente psicológica que enseña a soportar situaciones adversas de modo que esa persona se dobla como los metales pero sin romperse. Así uno se hace sólido, resistente, fuerte, tenaz, robusto, poderoso, casi invencible. La resiliencia habla de la capacidad para sacar fuerzas de una experiencia traumática y darle la vuelta y de ese modo ser capaz de ser inexpugnable, pétreo, inalterable, blindado... con un vigor propio de una persona superior. *La resiliencia es todo arte y significa adquirir una fortaleza extraordinaria para lograr la superación.*

Quiero contar el caso de Joshua Bishop, que, con pocos estudios y escasa cultura, dio una lección sonada:

Cuando tenía diecinueve años, él y un compañero de fechorías llamado Max Braxley, de treinta y seis años, mataron brutalmente a un hombre con el que habían estado bebiendo hasta la madrugada en el condado de Baldwing (Georgia, Estados Unidos). Querían robarle el coche mientras él dormía la borrachera, pero el hombre, llamado Leverrett Morrison (de cuarenta y cuatro años), se despertó y se produjo una pelea. Joshua lo mató con una barra de madera golpeándole en la cabeza; luego metieron el cadáver en el maletero de un coche, le prendieron fuego, abandonándolo después en un terreno perdido y procurando borrar todas las huellas del crimen. El cuerpo fue hallado horas más tarde y los dos autores fueron detenidos. Joshua confesó el asesinato y lo condenaron a muerte mientras que a su cómplice lo sentenciaron a cadena perpetua. Pasó veinte años en el corredor de la muerte y fue ejecutado a los cuarenta y cuatro años de edad. El caso habría pasado desapercibido de no ser por un largo artículo que apareció en el diario *The Telegraph* de Macon y que más tarde fue recogido por *The Guardian* en marzo del 2016. En él se cuenta la dura infancia de Joshua y la profunda transformación positiva que experimentó en sus dos décadas de estancia en la cárcel. Su infancia fue digna de una historia de Dickens, pues la pasó viviendo bajo los puentes, en residencias para niños abandonados o en casas de acogida, siempre asustado, hambriento y solo, vagabundeando de aquí para allá.

Su abogada fue Sarah Gerwig-Moore, que escribió su nota necrológica y nos dejó escrito lo siguiente: «Sus últimas palabras fueron de arrepentimiento y amor... Describía sin amargura su infancia y los días de su pubertad y adolescencia, cuando pescaba o iba a recoger basura para comer o freía tomates verdes que recogía de las sobras... Era un muchacho dulce, siempre dispuesto a ayudar a los demás y que adoraba a su madre, una prostituta de buen corazón que nunca supo decirle quién era su padre. Las drogas y el alcohol las consumió desde pequeño (de hecho, cometió el crimen bajo los efectos de la cocaína) y le hicieron llevar una vida errática».

«En el sombrío corredor de la muerte —sigue diciendo su abogada— descubrió que podía ser amado por los demás y por Dios y entonces floreció como artista y como hombre». En los años de cárcel se consagró a la pintura y conoció a una familia, los Shetenlieb, que empezaron a visitarle y se hicieron amigos suyos; procuraron ayudarle, transmitiéndole que nadie está fuera del perdón si de verdad se arrepiente y *que la voluntad lo puede todo* si uno se propone realmente cambiar. Conectó con el capellán de la prisión, se bautizó y se convirtió al catolicismo. Tras su conversión multiplicó su actividad en la cárcel hablándole a la gente de Dios y, además de pintar, se aficionó a la lectura (él nunca había leído nada). Su libro de cabecera fue *El diario de Anna Frank,* que le ayudó a cambiar y a fortalecer su voluntad. También empezó a conocer gente de fuera de la cárcel que venía a verle y a hablar con él. Eso le ayudó a implicarse en obras sociales y de solidaridad. En los últimos años de su vida trabajó en la escuela jurídica Mercer University enseñando lecciones sobre la justicia.

Su abogada contó «que había pedido perdón con humildad a los familiares de sus víctimas y quedó confortado con la gracia de haberlo conseguido. Una religiosa que trabajaba ayudando a los presos, la hermana Morrison, pidió su indulto por el buen comportamiento que había tenido en esos años dentro de la prisión, pidió que le conmutaran la pena de muerte por cadena perpetua». En sus últimas horas, cuenta su abogada, «confortó a sus amigos, rezó por ellos, pidió perdón a todo el mundo y dijo que cuidáramos mucho a los presos, pues muchos de ellos venían de un mundo de grandes carencias y privaciones. Cantó el célebre *Amazing Grace,* diciendo que él moría porque lo había merecido». Su abogada, Sarah Gerwing-Moore, llegó a ser su amiga y confesó que escribió la historia de Joshua llorando, con momentos de mucha tristeza: «Fue mi amigo y me enseñó tanto que con él cambio mi vida... le debo mucho. Él me dio permiso para contar su historia de forma que resultase positiva y pudiera ayudar a otros chicos con problemas como el suyo. Murió besando el rosario que le regaló el capellán de la cárcel». Su misa de funeral se celebró en la iglesia de San Pío X en Conyers (Georgia, Estados Unidos) y fue multitudinaria.

Está claro que hablamos de un caso excepcional. Es una historia ejemplar. Pero, insisto, la capacidad para descubrir el ángulo positivo de la realidad cambia la perspectiva de ti mismo y de tu entorno. Aquí se mezclan muchas cosas a la vez: por una parte, *superar las heridas antiguas* y, por otra, la *capacidad para descubrir lo positivo* que en toda vida se encierra. También se mezclan elementos a los que me voy a referir enseguida: *una voluntad rocosa* que ha sido labrada poco a poco y que ha llegado a convertirse en parte esencial de esa persona.

3. *Tener una voluntad de hierro.* Fuerte, compacta, recia, robusta, resistente al desaliento, como las raíces de un olivo centenario[5]. Y esta necesita ser educada desde los primeros años de la vida. Es una pieza clave en la psicología que, si es sólida, consigue que nuestros objetivos y metas lleguen a buen puerto. *Toda educación empieza y termina por la voluntad.* Sirve nada más y nada menos que para conseguir el adecuado desarrollo del *proyecto personal.* Tener una voluntad firme es uno de los más claros indicadores de madurez de la personalidad. *La voluntad es la joya de la conducta.* Con ella somos enanos a hombros de gigantes.

4. *Tener un buen equilibrio entre corazón y cabeza.* Los dos grandes componentes de nuestra psicología son el mundo de la afectividad y el de la inteligencia. No digo que las otras herramientas que hay dentro de ellas sean menos importantes; lo que quiero significar es que estas dos deciden el comportamiento. No ser ni demasiado sensibles, rozando la susceptibilidad, ni demasiado fríos y racionales. La clave está en buscar una buena armonía entre ellas. Decía Pascal: «El corazón tiene razones que la razón desconoce». No perdamos de vista que nuestro primer contacto con la realidad es emocional: me gustó esa persona, me cae bien, me agra-

5. Véase la 10.ª lección: *La educación de la voluntad* (pág. 175 y ss.).

dó mucho aquella gente... Amor e inteligencia forman un bloque bien armado. Tener una *afectividad sana* significa mover bien los hilos de las relaciones con los demás cargándolas de sentimientos verdaderos, auténticos, sin doblez, descubriendo que *lo afectivo es lo efectivo*. Y a la vez saber utilizar bien los *instrumentos de la razón:* la lógica, el análisis, la síntesis, el discernimiento. Ser capaces de respirar por estos dos pulmones a la vez. Los padres y los educadores tienen aquí un papel central.

5. Para ser feliz es necesario *tener un proyecto de vida coherente y realista*. Lo he mencionado en diversos momentos en las páginas este libro. Y este debe albergar en su seno cuatro grandes argumentos: *amor, trabajo, cultura y amistad*. Hay dos notas que se cuelan en sus entresijos: debe ser *coherente*, lo que significa tener en su interior el menor número de contradicciones posibles... Buena relación entre la teoría y la práctica, acorde entre sus partes, congruente. La otra nota es que debe ser *realista:* tener los pies en la tierra, ajustarse a los hechos de la vida personal y del entorno... aunque con ilusión.

Cada uno de ellos se abre, en abanico. *No hay felicidad sin amor*. Este debe ser uno de los argumentos principales. Pero no solo eso, sino que debe ser trabajado con esmero, con dedicación... Hay muchas formas de amor[6]

6. Lo he explicado de cierto detalle en la 2.ª lección. La exploración de los sentimientos (pág. 37 y ss.), y en la 3.ª lección: La madurez de los sentimientos (pág. 46 y ss.).

y debemos conocerlas. También *para ser feliz es fundamental tener un trabajo que agrade y que saque lo mejor de uno mismo.* Amor y trabajo son dos goznes clave de la felicidad razonable. Uno y otro se retroalimentan. *La cultura es libertad: te da alas, plenitud, abundancia de conocimiento... Un sendero abonado que lleva a la felicidad.* Una persona culta tiene criterio, sabe a qué atenerse, tiene respuestas a las grandes preguntas de la existencia y por eso es difícil de manipular... La cultura es una de las puertas de entrada al castillo de la felicidad. Y, finalmente, la *amistad: afinidad, donación y confidencia;* la necesitamos como parte de la vida misma, como compañía y ayuda en las variadas circunstancias de la vida.

6. *Poner los medios adecuados para hacer felices a otras personas.* Cuando uno está intentando hacer esto se olvida de sí mismo, olvida sus problemas y dificultades y eso le lleva a cambiar la dirección de sus acciones. Preguntarse uno con cierta frecuencia: «¿Qué puedo hacer para dar unas gotas de felicidad a los que me rodean?». Y esto descansa en un principio que está recogido en muchos autores que han trabajado sobre este tema: *hay más alegría en dar que en recibir.* Son muchos los que han hablado de esto, de una

---

Donde el amor se ve más nítido es en el *amor de la pareja,* un auténtico mar sin orillas. Allí nos sumergimos en una oceanografía en donde hay que poner nombre a cada afecto y saberlo delimitar y precisarlo.

No quiero dejar de decir que *el relativismo se ha convertido en una auténtica religión del hombre contemporáneo.*

u otra forma[7]. Los psicólogos y los psiquiatras sabemos bien esto. Cambiar el foco de atención y volcarnos con los demás intentando darles alegría es de una gran eficacia. Un psicólogo americano ha sido uno de los padres de este pen-

---

7. Lo dice el texto clásico: *beatius est magis dare quam accipere* (Hech 20, 35). Esto lo saben las madres de familia y aquellas personas que han dedicado su vida a hacer el bien a los demás.

Pero quiero hacer algunas consideraciones sobre la felicidad que me parecen interesantes llegados a este punto. Desde el ya clásico de Fernando Savater, *El contenido de la felicidad,* Ediciones El País, Madrid, 1986, en donde menciona la felicidad como anhelo y como ideal arrogante. O el libro de Eduardo Punset, *El viaje a la felicidad,* Destino, Barcelona, 2005, que mezcla los flujos hormonales, la bioquímica y el mundo de los sentimientos. Pasando por Emilio Lledó, *Elogio de la infelicidad,* Cuatro Ediciones, Madrid, 2005, en donde el autor ve la felicidad como una aspiración medio perdida en el horizonte de los sueños, deseos, utopías y amenazas porque el ser humano está siempre insatisfecho. O el trabajo de Victoria Camps, *La búsqueda de la felicidad,* Arpa & Alfil Editores, Madrid, 2019, en donde la autora se plantea la felicidad como una búsqueda a lo largo de la vida y que no es otra cosa que el anhelo de una vida plena.

He participado en la Universidad de Harvard en los cursos sobre felicidad dirigidos por el psicólogo Tal Ben-Shahar, que desde hace algunos años imparte una serie de clases dedicadas exclusivamente a este tema interminable. En ellas este autor se centra en la reconciliación con uno mismo y en saber gestionar las emociones de forma positiva. Su libro es *Happier,* McGraw-Hill, Nueva York, 2017. Me ha sorprendido la participación de tantos estudiantes con preguntas incisivas que nos ayudan a pensar a los que hemos trabajado en estos temas.

Insisto en lo que he dicho al comienzo de este capítulo: la bibliografía es tal que es fácil ahogarse en tantos y tan diversos textos. Comento alguno más que me ha parecido interesante. Cynthia Leppaniemi, *Tu felicidad depende de tu actitud,* Planeta Mexicana, México, 2012; Helena Béjar, *Felicidad: la salvación moderna,* Tecnos, Madrid, 2018; Carmen Serrat y Alexia Diéguez: *Tú puedes aprender a ser feliz,* Aguilar, Madrid, 2010.

Una mención final al *Reporte Mundial sobre la felicidad*, McGraw-Hill, Nueva York, 2017, de John Helliwell, Richard Layard y Jeffrey Sachs: buscan un equilibrio entre factores personales, económicos, ambientales y sociales, rastreando indicadores objetivos de felicidad… Al final, bienestar, nivel de vida y seguridad.

La lista queda aquí, por ahora.

samiento, la llamada *Psicología positiva,* Martín Seligman, que ha desarrollado un amplio campo de trabajo centrado en esto[8], lo que conduce a un modo de aprendizaje que requiere una cierta maestría para no quedarse atrapado en la negatividad. Tengo la experiencia de muchos pacientes a los que nuestro equipo les recomendó actividades de solidaridad y eso les cambió. Cuesta a veces que sigan esta indicación, de entrada, pero, si lo logramos, la efectividad suele ser muy positiva.

Caso clínico: una adolescente difícil

Vemos en consulta a una chica de veinte años. Sus padres han venido unos días antes a la consulta, sin ella, para relatarme lo que le sucede. Ella no quiere venir a consulta entre otras cosas porque no cree que necesite ningún tipo de ayuda psicológica. Los padres me cuentan lo siguiente: «Nuestra hija desde los quince o dieciséis años ha sido muy difícil y nos ha hecho sufrir mucho. Es la tercera de nuestros cuatro hijos. Tendría que haber entrado en la universidad hace tres años, pero está perdida y es muy vaga. A partir de esa edad su comportamiento en casa ha sido muy difícil: rebelde a seguir las normas de nuestra casa, fracaso grave en los estudios pues prácticamente la han suspendido en todas sus asignaturas, comparte habitación con una hermana y el desorden por parte de ella es total, de tal manera

8. M. Seligman, *Authentic happiness,* Free Press, Nueva York, 2018, habla de la importancia de aprender de la situaciones de desamparo y darles la vuelta y descubrir las vertientes positivas que están escondidas.

que su hermana ha pasado a otra habitación... A mí me respeta algo más (dice su padre), pero los enfrentamientos con su madre son fuertes y afectan a todo el conjunto familiar».

Su padre ha conseguido traerla a la consulta: han venido los dos juntos, ella ha pedido que su madre no les acompañara, lo ha puesto como condición para venir. Entra sola para hablar conmigo y su padre está en otro despacho dándonos una información sobre ella y haciendo una serie de test «como si fuera mi propia hija». Esta es nuestra entrevista resumida: «Yo vengo a la consulta porque me lo ha pedido mi padre muchas veces y vengo por él. Yo no estoy loca. Lo único que quiero es que me dejen hacer mi vida y que no presionen ni me digan a todas horas qué es lo que tengo que hacer».

Le pregunto: «¿Tú crees que tu conducta en casa y en tus estudios es normal?» Me responde: «No lo sé... Lo que sí sé es que a mí no me gusta estudiar, me cuesta mucho trabajo y prefiero ver la televisión o estar con mis amigas o en Internet... Lo que pido es que me dejen tranquila...». Estamos hablando de una chica de complexión fuerte (mide un metro y sesenta y tres centímetros, pesa unos sesenta y cinco kilos), de carácter fuerte, de una rebeldía que salta a la vista durante nuestra entrevista. Le pregunto: «¿Qué quieres estudiar?, ¿qué quieres hacer con tu vida?». Me dice: «Yo lo que quiero es ser feliz, nada más que eso». Le respondo: «Pero la felicidad es la consecuencia de hacer algo que merezca la pena con tu vida, de tener un programa... o una vocación...». Y me dice: «No sé, yo lo que quiero es pasarlo bien y disfrutar de la vida... Ya lo he dicho, a mí no me gusta estudiar, siempre me ha costado mucho trabajo...».

Me dice el padre: «Es muy difícil controlar las salidas con sus amistades los fines de semana, pues ella vuelve de madrugada, o cuando quiere, o se queda a dormir en casa de unas amigas... Eso es lo que nos dice; sé por una amiga suya que fuman marihuana de vez en cuando y que ella ha dicho que es para estar más animada. Se ha producido una quiebra con sus hermanos y la situación es de gran tensión psicológica...». La tenemos dos días en estudio, observación y haciéndole diferentes test y pruebas psicológicas y hacemos de ella el siguiente diagnóstico: *Trastorno de la personalidad,* según los criterios de la American Psychiatric Association, con tres subdiagnósticos o apartados:

— *Personalidad límite o borderline:* caracterizada por impulsividad, descontrol del lenguaje verbal (puede ser muy dura de palabra con sus padres, especialmente con su madre, a la que le ha dicho cosas de gran dureza), cambios frecuentes de ánimo (pasa de estar más o menos bien a tener reacciones agresivas o bajones de ánimo), rebeldía en muchas áreas de su conducta.
— *Personalidad histriónica:* necesidad de llamar la atención, lo que más le cuesta es pasar desapercibida. Convertir cualquier diferencia de criterio con sus padres en un drama.
— *Personalidad inmadura:* desfase entre su edad cronológica (veinte años) y su edad psicológica (doce, trece o catorce años). Decir que su objetivo en la vida

es ser feliz es un dato notarial. Desordenada, inconstante, sin voluntad, desmotivada... Como una niña pequeña, una fuente de enfrentamientos familiares.

Y tenemos un segundo diagnóstico, derivado del anterior:

— *Estado o trastorno por ansiedad.* El tratamiento de ella arranca, de entrada, en la conveniencia de salir del ambiente familiar a una residencia preuniversitaria (para evitar que toda la familia se convierta en disfuncional). Una medicación que frene o disminuya la impulsividad y el descontrol (Valproato sódico de 500 miligramos, en desayuno y cena como estabilizador del ánimo) y un ansiolítico de la familia de las benzodiacepinas a dosis bajas. Acepta mal la medicación, pero su padre la medio convence e iniciamos un *programa de psicoterapia cognitivo-conductual* al que responde con desgana pero nos vamos haciendo con ella.

Su evolución ha ido a mejor. Ha sido clave que se vaya de casa: decisivo. Llega el verano y sus padres no saben qué hacer con ella y una nota psicóloga de nuestro equipo la convence para ir a hacer solidaridad a un país de África, con gente más o menos de su edad. Conseguimos convencerla con bastante esfuerzo y la conectamos con un grupo en el que de entrada ha caído bien (la directora de ese grupo está advertida por nosotros de lo que le sucede a esta persona).

Está allí, en África, casi tres meses, que han sido decisivos. Ha venido cambiada, según nos dice su padre. La madre no ha vuelto a la consulta, por petición expresa y como chantaje por parte de nuestra paciente.

La vemos a la vuelta. Y nos dice: «Esto ha sido lo mejor que me ha pasado en mi vida. Ayudar a otras personas ha sido para mí muy importante... Me he dado cuenta de que quiero estudiar. La *libreta de objetivos psicológicos* que usted me dio me ha ayudado mucho y, aunque al principio me he resistido, me he dado cuenta de que por ese camino puedo avanzar poco a poco... Quiero hacer solidaridad en España y ayudar a gente que lo pasa mal y que no tiene medios económicos».

La seguimos viendo en revisión cada dos o tres semanas. Me dice el padre: «La medicación ha sido muy importante porque la ha aplacado, pero el salir de casa y el irse con gente de su edad a ayudar a África la ha transformado... Sigue con altibajos de ánimo. Se ha matriculado en la Facultad de Derecho y como no tiene hábito de estudio le cuesta mucho». Le hemos recomendado un libro muy útil para mejorar en esto[9] y a la vez le hemos dado algunas pautas para avanzar en este aspecto.

7. *Capacidad para apreciar las pequeñas alegrías y placeres de la vida ordinaria.* Con frecuencia estas cosas nos pasan desapercibidas. Se trata de saber parar el reloj y detener el tiempo que corre fugaz y apresarlo para, en esos

9. El libro es de Miguel Salas, *Técnicas de estudio,* Alianza Editorial, Madrid, 2012.

momentos, saborear el instante, sencillo, pero muy positivo. Hay una *felicidad grande,* que se refiere a la exploración de cómo va nuestra vida en su conjunto y otra *felicidad pequeña,* que aspira solo a saber disfrutar de lo menudo, de lo cotidiano, que va desde un paisaje bonito a una excursión por la montaña, a la lectura de un libro que nos tiene absorbidos, pasando por una comida o cena agradables, o un concierto de música muy esperado, o una conversación sobre un tema de actualidad... Ese saber estar nos abre una ventana de aire fresco de *felicidad pequeña.*

8. *Saber valorar las cosas que uno tiene y las que uno ha conseguido.* Nos pasamos la vida pensando en el día de mañana, embebidos de futuro, sin darnos cuenta que es bueno de vez en cuando valorar lo que uno es y posee y los objetivos que se han alcanzado. Porque lo importante no es haber conseguido ciertas metas (que lo es), sino reconocerlo, apreciarlo, evaluarlo, reconocer que detrás de ello ha habido lucha, esfuerzo personal, volver a empezar... En mi trabajo como psiquiatra a menudo voy de excursión con mis pacientes a su vida pasada y hago un recorrido con ellos y les hago ver el acierto al seguir aquel camino y la fortaleza al superar aquel obstáculo y aquel otro inconveniente. Viene a mi cabeza el caso del pescador mexicano que estuvo cuatrocientos treinta y ocho días perdido en el Pacífico, en una embarcación pequeña en donde le pasó de todo[10] y

---

10. El autor es Jonathan Franklin, *438 days,* Atria books, Nueva York, Londres, 2017. Hay edición española: *José Salvador navegante,* Planeta, Bar-

gracias a su tenacidad no perdió la esperanza de salvarse. En una palabra, ver la vida propia en perspectiva, longitudinalmente, como una panorámica biográfica en donde se dibujan los principales hitos de la vida de uno y sus avatares y las mil y una peripecias que le han ido sucediendo en el paisaje de la historia personal.

9. *Saber darle a las cosas que nos pasan la importancia que realmente tienen.* La vida tiene un cierto fondo imprevisible. Debemos tener respuestas y acciones preparadas para salir adelante en todo tipo de emergencias. Pero el catálogo de dificultades es un pozo sin fondo. Este consejo lo voy a analizar en tres apartados:

a) Ser capaz de tener una especie de *justeza de juicio.* Valorar las cosas que nos ocurren en una cierta justa medida. Y esto es arte y oficio, un saber de cinco estrellas y requiere un equilibrio personal de relieve. Existe la *razón pura,* que se atiene a los datos de la realidad, sin más. Y también la *razón emocional,* que ayuda a captar lo que a uno le sucede añadiendo otros componentes que en un primer momento no se

celona, 2017. Recorrió alrededor de seis mil millas de Costa Azul al suroeste de México, a la deriva, él solo... Noches y días perdidos, rodeado de tiburones, sobrevivió y terminó apareciendo en las Islas Marshall. Semanas, meses después de ser encontrado, él relataba a los periodistas su peripecia y él valoraba su voluntad de hierro de encontrar tierra y su fe en que lo conseguiría: «Pero lo peor de todo fue la soledad, eso fue lo más duro y difícil... y me hice con un pato marino que se convirtió en mi amigo, con el que hablaba y le contaba todo...».

observan y que vienen de la mano de los sentimientos.

b) Aprender a quitarle importancia a muchas cosas que nos suceden, evitando caer en la tristeza, la preocupación, la frustración y una cascada de pensamientos negativos que nos llevan al campo de la melancolía. Se complementa con el anterior, pero tiene unas notas singulares.

c) Tener una buena perspectiva de la vida personal. Ortega y Gasset[11] habló del *perspectivismo,* que significa la capacidad para analizar los hechos dejando lo inmediato por lo mediato, lo cercano por lo lejano. Los que viven junto a las cataratas del Niágara no perciben su estruendo, es necesario distanciarse de ese ruido para captarlo mejor. La clave es *saber poner distancia.* Los egipcios creían que el valle del Nilo era todo el mundo. Pasar de las *partes* al *todo.* En una palabra, si dos hombres miran a la vez el mismo paisaje no ven lo mismo. Hay un *primer término* que es lo inmediato y que ofrece todos sus detalles con minuciosidad y si los observamos nos damos cuenta de sus matices. Después hay un *segundo plano* que queda más borroso, donde lo que se percibe se desdibuja... Y luego nos encontramos con *un tercer paisaje.* «La perspectiva es uno de los componentes de

11. Cfr. sus *Obras Completas, Meditaciones del Quijote,* Revista de Occidente, Madrid, 1947, tomo I, página 321 y ss.; también tomo III: *El tema de nuestro tiempo,* páginas 197-203. Merece la pena releerlas.

la realidad, es su organización, porque todo conocimiento es desde un punto de vista determinado... No existe el punto de vista absoluto... Cada vida es un punto de vista sobre el universo». Es la doctrina del punto de vista. Nuestra visión de los hechos personales y del entorno es siempre amplia, compleja, llena de encrucijadas y zonas semiocultas. Es decisivo *buscar el sentido de lo que nos rodea y hacia dónde vamos*. Practicar esto en la vida personal tiene una enorme importancia intelectual, pues relativizaremos muchas incidencias. Ortega lo dice en una sentencia emblemática: *«Yo soy yo y mi circunstancia»*. Pasamos del *espíritu provinciano* (de creer que nuestro pueblo o nuestra ciudad es todo el mundo mundial, que allí está todo...) al *espíritu de largo alcance* (que va más allá de lo que se ve y que es capaz de distanciarse de los hechos y sacar otras conclusiones que están escondidas, sumergidas, que hay que descubrir porque están desdibujadas).

Pero debemos saber que *el fracaso es necesario para el desarrollo y la maduración de la personalidad.* Tiene un papel importante que refleja que las cosas de la vida, todas, presentan siempre escollos, dificultades, retos inesperados por superar y que tenemos que estar preparados para no derrumbarnos, sino crecernos ante la adversidad.

Es mucha la gente que tiene *una visión corta de la vida,* lo cual significa que se queda en la anécdota negativa de un hecho y no tiene capacidad para levantar la mirada y otear en el horizonte. Es fundamental tener *una visión larga de la vida* que nos lleva a relativizar, a saber que el conocimiento de la realidad nunca puede ser absoluto, ya que esta consiste en la relación con los fenómenos que se mueven en su alrededor. Saber levantar la mirada y ver en la distancia, ver los hechos personales en su totalidad[12].

10. *No equivocarse en las expectativas.* O dicho de otro modo: *saber poner freno a ambiciones excesivas.* No pedirle a la vida demasiado, saber que la existencia humana siempre tiene limitaciones, cortapisas, barreras, restricciones... fronteras. La mejor de las vidas, aquella que podemos estudiarla con detalle, nunca faltarán en ella cosas o vertientes que no han salido bien o que se han abandonado o que se vieron frustradas y aceptar eso significa madurez.

Hay una expresión muy española que dice así: «*no pedirle peras al olmo*». Lo he dicho de alguna manera en las páginas de este libro, *la felicidad absoluta no existe, es una utopía.* La felicidad a la que debemos aspirar es a una *felicidad razonable,* que yo la resumiría en esta ecuación: logros/expectativas. El numerador es la cuenta de resultados; el denominador, es la moderación, no esperar demasiado de los grandes temas y asuntos de la vida.

---

12. Recomiendo con pasión el libro de Ricardo Yepes Stork, *Fundamentos de antropología,* Eunsa, Pamplona, 1996; sabio, claro y con respuestas certeras a cuestiones de actualidad.

¿Qué hacer, qué elegir? ¿Qué camino tomar? Los griegos decían *nihil nimis*, nada en demasía. Juntar todas mis posibilidades e ilusiones y descubrir quién quiero ser y hacia dónde quiero dirigirme y aceptar con serenidad las adversidades y las cosas que al final no salieron bien[13].

---

13. Julián Marías habla de *la visión responsable*, que consiste en descubrir el conjunto de verdades de la vida en general y de la propia en particular y entender cómo ha ido circulando la historia personal. Las iluminaciones se van sucediendo, vemos las conexiones de unas vivencias con otras y descubrimos relaciones inesperadas. Cfr. Su libro *Antropología metafísica*, Revista de Occidente, Madrid, 1973, página 11 y ss., y 168, la posesión de la realidad).

lección

13.ª Características de un líder*

Decía el director de cine americano George Lucas, en una entrevista, que le gustaría hacer las películas que a él le hubiera gustado ver. Quisiera escribir un artículo breve, ordenado y que lo pudiera entender todo el mundo sobre cuáles deben ser los principales ingredientes de un líder. El ser psiquiatra tiene la ventaja de que uno está acostumbrado a bucear en la vida ajena y a perforar superficies. A fijarse con mucha atención en la conducta. Lo importante en esta vida no es tener buenas cartas, sino saber jugarlas. El que no sabe lo que quiere no puede ser feliz.

El término líder procede del inglés, *leader*, que significa guía, jefe, el que va dirigiendo a un grupo, el que conduce y abre camino, el que tira y arrastra de los demás. ¿Cuáles son esas características a las que aludo en el título del presente artículo? Como soy muy aficionado a las enumeraciones, voy a diseñar esta así:

---

* Conferencia pronunciada el 18 de octubre del 2019 en el Queen Elizabeth II Conference Centre, en Westminster, Londres.

1. *Personalidad atrayente*. Toda personalidad es transparente y opaca. Clara y difusa. De perfiles bien definidos y a la vez imprecisa. Pero aquí lo que hay que destacar es su capacidad de seducción: una mezcla de hechizo, carisma, admiración, cordialidad, que nos arrastra y empuja hacia él. Es un como imán que nos atrae y que es capaz de llevar a su terreno a mucha gente y convencerla con sus ideales. Las palabras mueven, el líder arrastra[1].
2. *Coherencia.* Que entre lo que dice y lo que hace, entre la teoría y la práctica de su vida, exista una buena proporción, un equilibrio, una conformidad entre el pensamiento y la realidad. *Uno es lo que hace, no lo que dice.* Habla la conducta y esa deja claro lo que somos. Trata de vivir en la verdad: no se miente a sí mismo ni a los demás. *Es una persona verdadera*. Aspira a no tener varias caras, sino que lucha, pretende y se esfuerza por no mostrar diferentes personalidades según el ambiente y la gente con las que se encuentra. Carece de contradicciones fuertes o, al menos, pone todo su empeño en que se desdibujen y pierdan solidez. Los cazadores de tesoros marinos tienen aquí una buena presa. En una palabra: *sinceridad de vida*. También: *autenticidad*. Sabe que la ética es su soporte, como el arte de vivir con dignidad o el arte de usar de forma correcta la libertad. Lide-

1. Los llamados líderes políticos, por lo general, no son tales.

rar es servir. Es alguien auténtico, en quien se puede confiar, que no busca el aplauso ni el consenso, de ahí su grandeza. Por eso pasa de largo ante las críticas que inevitablemente caerán sobre su figura. Hay solidez de piedra castellana.

3. *Buen equilibrio entre corazón y cabeza,* entre los sentimientos y el mundo de los instrumentos de la razón[2]. Sabe ser afectivo, emocional, vibrar con la alegrías y las tristezas que suceden a su alrededor y, a la vez, manejar bien la inteligencia: la lógica, la argumentación, el juicio ponderado. Como un rayo de sol que entra oblicuo por la ventana, haciendo brillar estos dos mundos complementarios que le llevan a tener capacidad para superar adversidades y reveses de la existencia y a desarrollar una positiva filosofía de vida. Hay talento, orden, disciplina. Si es un líder de altura, de mucho nivel, llega a tener la sencillez de los sabios. Es la síntesis de lo esencial.
4. *Autoridad.* Esta palabra procede del latín, *autoritas* y significa *aquel que te hace crecer como persona.* Que tira de ti hacia arriba, tratando de sacar lo mejor que llevas dentro. Es el arte de saber dirigir (sin querer hacerlo) y de hacerse obedecer. *Es un referente.* Un faro que ilumina y que sirve para aclarar el camino. Lo diré de una forma más categórica: la autoridad es la superioridad poseída por méritos pro-

2. Este es un reto difícil de alcanzar. Pero el verdadero líder tiene una buena ecuación en ese sentido.

pios y que es seguida por muchos. Supremacía, dominio, mando. Los clásicos distinguían dos ideas: *autoritas,* por un lado, y *potestas*, por otro. La primera es señorío, jefatura, imperio, prestigio, estimación, ser escuchado y observado para aprender, ser capaz de proponer una doctrina de vida que fascina y se hace sugerente. La segunda se refiere al que manda y por eso tiene poder, pero cuando deja de mandar, de estar en el poder, una vez suspendido de sus funciones, desaparece su fuerza y en el lenguaje coloquial lo decimos de forma gráfica: «A fulanito se lo ha tragado la tierra». Todos lo vemos con cierta frecuencia, *personas que tienen poder pero que no tienen autoridad*. El que solo tiene poder manda, pero no gobierna.

5. *Capacidad para contagiar entusiasmo*. Y, además, tiene un sentido positivo y sabe transmitir alegría. Su mirada aletea por encima de las dificultades y conflictos y sabe dar una visión optimista, a pesar de las dificultades y problemas que nunca faltan. No olvidemos que el pesimismo goza de un prestigio intelectual que no merece[3]. El líder es una persona admirada en quien la gente confía, con capacidad de convocatoria y fuerza para ilusionar. *La felicidad consiste en ilusión*. Hay pocas cosas tan contagiosas como el entusiasmo. Pero el mundo está sumergido

3. Casi todas las noticias son negativas o dramáticas, o nos llevan a pensar en lo peor. Muchos sucesos positivos no salen en la prensa.

en una profunda crisis económica de proporciones gigantescas de la que, parece ser, estamos empezando a salir, aunque está dejando en nuestra sociedad notas dibujadas de melancolía, rizadas de incertidumbres y alargadas en el tiempo. Un buen líder conoce la realidad, pero mira con esperanza hacia delante. La esperanza es la virtud del caminante que sabe que va a llegar a la meta; es una mezcla de seguridad y certeza bien ajedrezadas. Hay *empatía,* buena capacidad para interactuar con él de forma positiva, sabe llegar a la gente de arriba y abajo. *El líder debe ser un comunicador nato.* Empuja, arrastra, se lleva a muchos a su lado con su mensaje de vida.

6. *Capacidad para mostrar en público sus creencias* huyendo de lo políticamente correcto. Tiene el coraje de expresar lo que lleva dentro, aun a costa de caer mal o alejarse de lo que la mayoría espera que diga. Este punto es conflictivo, lo sé. Y difícil de llevar a cabo. Toda persona tiene dos facetas: la vida privada y la pública, la que es íntima y la que enseña a los demás. El líder es escrutado por la gente, que se cuela por los pasadizos de su ciudadela interior, y si es alguien que está en la política, muchos periodistas entran en su vida y milagros para desguazarlo, mostrando al desnudo sus incongruencias y errores.
7. *Modelo de identidad.* A la gente que sigue sus pasos le gustaría parecerse a él, hay algo que le empuja en esa dirección y le lleva a imitarlo de algún modo. El verdadero líder te ayuda a ser mejor. Te influye en po-

sitivo para sacar lo mejor de tu persona, para remover en el álbum de tu vida y extraer los mejores recuerdos. Es la fuerza de la credibilidad. Quiero terminar oteando tres figuras estelares de abajo hacia arriba: el *profesor*, el *maestro* y el *testigo*. El *profesor* enseña una disciplina, explica una materia y se queda ahí. El *maestro* enseña lecciones que no vienen en los libros, su magisterio se esconde tras sus palabras y sus gestos; al alumno avezado le gustaría parecerse a él, hay algo sumergido en su conducta que le atrae con magnetismo. El *testigo* es una lección abierta de vida, un ejemplo a seguir, un camino claro por donde uno puede andar. *Nuestra sociedad necesita más testigos que maestros;* vidas verdaderas más que gentes que explican teorías. Uno es lo que hace, no lo que dice.

Termino. No quiero dejarme en el tintero un matiz, la diferencia que hay entre *líder* e *ídolo*. Pueden confundirse o superponerse los conceptos. *El líder es la autoridad conseguida por una trayectoria ejemplar que es seguida de forma racional por una cierta mayoría.* Arrastra, convence, atrae, lleva a muchos en esa dirección. Tener *liderazgo* significa influir de forma psicológica, cultural e intelectual. *El ídolo es alguien que es seguido por mucha gente de forma emocional y que se convierte casi en una divinidad social* y está muy relacionada en nuestra sociedad con el deporte en sus distintas facetas; lo suelen fabricar los periodistas. Tener *idolatría* por una persona significa casi adorarle y tiene una influencia especialmente física y social.

BIBLIOGRAFÍA

Son referencias a libros consultados por mí en unos casos y que recomiendo como muy sugerentes en otros. Algunos de ellos han sido citados en el texto a pie de página.

ABBAGNANO, N., *La sabiduría de la vida,* Versal, Barcelona, 1986.

ALBERONI, F., *Te amo,* Gedisa, 2016.

ÁLVAREZ ROMERO, M., *Claves para conseguir la verdadera felicidad,* Almuzara, Sevilla, 2017.

ALVIRA, R., *La noción de finalidad,* Eunsa, Pamplona, 1978.

APPLEBAUM, A., *Gulag. Historia de los campos de concentración soviéticos,* Debate, Barcelona, 2008.

AYLLÓN, J. R., MUÑOZ, M., *555 joyas de la sabiduría,* Martínez Roca, Barcelona, 2010.

AYLLÓN, J. R., *El mundo de las ideologías,* Biblioteca Homo Legens, Madrid, 2019.

BAUMAN, Z., *Tiempos líquidos*, Tusquets, Barcelona, México, 2008.

BECK, A., *Solo con el amor no basta*, Paidós, Madrid, Buenos Aires, 2001.

BÉJAR, H., *Felicidad: la salvación moderna*, Tecnos, Madrid, 2018.

BELLOCH, A., SANDIN, B., RAMOS, F., *Manual de psicopatología,* McGraw Hill, Madrid, 2001.

BEN-SHAHAR, *Happier,* McGraw-Hill, Nueva York, 2007.

BEN-SHAHAR, *Felicidad,* Planeta, Barcelona, 2009.

BURGUETE, E. E., «Revisión crítica de la ideología de género a la luz del realismo metafísico», Cuadernos de Bioética, vol. 29, nº 95, págs. 29, 25-37, 2018.

CADET, J. L., *Neurological assessments of marihuana user,* Methods Mol. Med., 2018.

CALVO, M., «Cuando la confusión sexual se inscribe en la ley». Revista Nuestro Tiempo, nº 693, págs. 104-111, 2017.

CAMPS, V., *La búsqueda de la felicidad,* Arpa & Alfil Editores, Madrid, 2019.

CARDONE, G., *The 10 rule. The only difference between success and failure,* John Wiley Sons, New Jersey, 2011.

CARNES, P., *Don´t call it love: recovery from sexual addiction,* Bantam Books, Nueva York, 1991.

CARNES, P., DELMONICO, D. L., GRIFFIN, *Breaking free of compulsive online sexual addiction,* Hazelden Foundation, Nueva York, 2018.

CERIOTTI, M, *Erótica y materna. Un viaje al universo femenino,* Rialp, Madrid, 2019.

CHESTERTON, G. K., *El hombre eterno,* Ediciones Cristiandad, Madrid, 2004.

CIZSECK, W., *Caminando por valles oscuros*, Ediciones Palabra, Madrid, 2015.

COMTE-SPONVILLE, A., *Diccionario filosófico,* Paidós, Barcelona, 2003.

COMTE-SPONVILLE, A., *La felicidad desesperadamente,* Paidós, Barcelona, 2010.

DIDEROT, D., *Vida de Séneca*, Espasa Calpe, Madrid, 1952.

DYER, W., *Tus zonas erróneas*, Penguin Random House, Barcelona, 2014.

EBERSTADT, M., LAYDEN, M.A., *The social costs of pornography,* Witherspoon Institute, New Jersey, 2019.

EYSENCK, H. J., *Experiments and behavior therapy,* Pergamon, Nueva York, 2001.

EYSENCK, H. J., *Eysenck personality inventory, Testing Service,* Testing Serving Indust., San Diego, 2002.

FIFCHER, J., GOCHROS, H.L., *Handbook of behavior therapy with sexual problems,* Pergamon, Nueva York, 2000.

FRANKL, V., *El hombre en busca de sentido,* Herder, Barcelona, 2009.

FRANKLIN, J., *438 days,* Atria books, Nueva York, Londres, 2017.

FRANKLIN, J., *José Salvador navegante,* Planeta, Barcelona, 2017.

FREITAG, T., *Fit for love,* Fachstelle Mediensucht, Berlín, Hannover, 2018.

FREUD, S., *Psicopatología de la vida cotidiana,* Alianza Editorial, Madrid, 1998.

FREUD, S., *Tres ensayos sobre la sexualidad,* Alianza Editorial, Madrid, 1998.

Goldfried, M. R., *Psychotherapy as coping skills training,* Plenum, Nueva York, 2017.

Graham, B., *El secreto de la felicidad,* Oasis, Barcelona, 1982.

Grisez, G., Russell, S., *Ser persona,* Rialp, Madrid, 1993.

Havel, Václav, *Cartas a Olga,* Círculo de Lectores, Madrid, 1997.

Heath, D. H., *Exploration of maturity*, Appleton Century Crofts, Nueva York, 2012.

Helliwell, J., Layard, R., Sachs, J., *Reporte Mundial sobre la felicidad*, McGraw-Hill, Nueva York, 2015.

Hilton, Whatts, *Pornography addiction: a neuroscience perspective,* St Martin Press, Nueva York, 2019.

Houellebecq, M., *Serotonina,* Anagrama, Madrid, 2019.

Kelly, J. A., *Entrenamiento en habilidades sociales,* Biblioteca de Psicología Desclée de Brouwer, Bilbao, 2018.

Kleponis, P., *The pornography epidemic*, Simon Peter Press, Oldsmar, 2015.

Kleponis, P., *Pornografía: comprender y afrontar el problema,* Voz de Papel, Madrid, 2018.

Kuby, G., *La revolución sexual global*, Didaskalos, Madrid, 2017.

Lazarus, A., *Behavior therapy and beyond,* McGraw-Hill, Nueva York, 1971.

Lazarus, R. S., Folkman, S., *Estrés y procesos cognitivos*, Martínez Roca, Barcelona, 2006.

Lazarus, R. S., Folkman, S., *Stress, appraisal and coping,* Springer Publishing Company, Nueva York, 2016.

LEPPANIEMI, C., *Tu felicidad depende de tu actitud,* Planeta Mexicana, México, 2012.

LEWIS, C. S., *Los cuatro amores*, Rialp, Madrid, 2014.

LIBERMAN, R. P., *A guide to behavioral analysis and therapy,* Pergamon Press, Nueva York, 1992.

LINDSAY, P. H., NORMAN, D. A., *Introducción a la psicología cognitiva,* Tecnos, Madrid, 2003.

LLEDÓ, E., *Elogio de la infelicidad*, Cuatro Ediciones, Madrid, 2005.

MAGRIS, C., *Utopía y desencanto*, Anagrama, Barcelona, 2001.

MALTZ, W. Y L.; *The Porn Trap: The Essential Guide of Overcoming Problems Caused by Pornography,* Deacon Press, Boston, 2018.

MANDELA, Nelson, *Long Walk to Freedom,* Little, Brown & Co., Johannesburgo, 1994.

MARÍAS, J., *Antropología metafísica,* Revista de Occidente, Madrid, 1973.

MARÍAS, J., *La felicidad humana,* Alianza Editorial, Madrid, 1978.

MARTIN, LUISGÉ, *El mundo feliz,* Anagrama, Madrid, 2018.

MASLOW, A. H., *A theory of human motivation*, Bn Publishing, 2017.

MAUROIS, A., *Sentimientos y costumbres*, Tecnos, Madrid, 2001.

MCKAY, M., DAVIS, M., FANNING, P., *Thoughts and feelings: the art of cognitive stress intervention,* New Harbinger Publ., Nueva York, 1997.

McKay, M., Davis, M. y Fanning, P., *Técnicas cognitivas,* Martínez Roca, Barcelona, 2011.

Millon, T., *Trastornos de personalidad,* Masson, Barcelona, 1998.

Moro, T., *Un hombre solo: cartas desde la torre,* Rialp, Madrid, 1999.

Newman, J. H., *The idea of an university,* Notre Dame University Press, Indiana, 2016.

New York Times, «*Supplement about happiness*», 2 de mayo de 2013.

Nietzsche, F., *Genealogía de la moral,* Alianza Editorial, Madrid, 1996.

Ortega y Gasset, J., «*Meditaciones del Quijote*», «*El tema de nuestro tiempo*», Revista de Occidente, Madrid, 1947.

Ortega y Gasset, J., «*La rebelión de las masas*», Obras Completas, tomo IV, Revista de Occidente, Madrid, 1983.

Ortega y Gasset, J., «*Estudios sobre el amor*», Obras Completas, tomo V, Revista de Occidente, Madrid, 1983.

Ortega y Gasset, J., «*Investigaciones psicológicas*», Obras Completas, tomo XII, Revista de Occidente, Madrid, 1983.

Patton, G. C., *Cannabis use and mental health in Young people,* John Wiley, Nueva York, 2018.

Paul, P., *How pornography is transforming our lives,* Owl Books, Oxford, 2005.

Pera, M., *El relativismo en Occidente,* Mondadori Editore, Milán, 2004.

PETERSON, J., *12 reglas para vivir,* Planeta, Barcelona, 2018.

PUNSET, E., *Viaje a la felicidad: las nuevas claves científicas,* Destino, Barcelona, 2011.

ROJAS MARCOS, L., *La pareja rota,* Espasa Calpe, Madrid, 1998.

ROJAS ESTAPÉ, M., *Cómo hacer que te pasen cosas buenas,* Espasa, Madrid, 2019.

SALAS, M., *Técnicas de estudio,* Alianza Editorial, Madrid, 2012.

SANTA TERESA DE JESÚS, *Obras completas*, Aguilar, Madrid, 1956.

SANTOS, R.; *Mis raíces. Familia, motor de resiliencia,* Palabra, Madrid, 2019.

SARTRE, J. P., *El ser y la nada*, Losada, Buenos Aires, 1998.

SAVATER, F., *El contenido de la felicidad*, Ediciones El País, Madrid, 1986.

SELIGMAN, M., *Authentic happiness*, Free Press, Nueva York, 2018.

SERRAT, C., DIÉGUEZ, A., *Tú puedes aprender a ser feliz, Aguilar,* Madrid, 2010.

SIMON, Y. R., *A general theory of authority,* Notre Dame University, Indiana, 1980.

SKINNER, B. F., *About behaviorism,* Alfred A. Knopf, Nueva York, 1994.

SOLZHENITSYN, Alexander, *Un día en la vida de Iván Denísovich,* Tusquets, Barcelona, 2008.

SOLZHENITSYN, Alexander, *Archipiélago gulag,* Tusquets, Barcelona, 2015.

TERESA DE CALCUTA, *La alegría de darse a los demás*, Ediciones Paulinas, Madrid, 2007.

TOKUMURA, O., *Pornografía online: una nueva adicción,* Voz de Papel, Madrid, 2017.

TRILLO-FIGUEROA, J., *Una revolución silenciosa,* Libros libres, Madrid, 2007.

TRILLO-FIGUEROA, J., *La ideología de género,* Libros libres, Madrid, 2009.

VAN THUAN, Nguyen, *Testigos de esperanza,* Ciudad Nueva, Madrid, 2012.

Vida y obras de San Juan de la Cruz, BAC, Madrid, 1973.

WORLD HAPPINESS REPORT 2019, Columbia University, Nueva York, 2019.

YEPES STORK, R., *Cómo entender el mundo de hoy. Cartas a un joven estudiante,* Rialp, Madrid, 1993.

YEPES STORK, R., *Fundamentos de antropología,* Eunsa, Pamplona, 1996.

WOLPE, J., LAZARUS, A. A., *Behavior therapy techniques,* Pergamon Press, Nueva York, 1996.

ÍNDICE DE AUTORES

ÍNDICE DE MATERIAS

Otros títulos del autor en Booket:

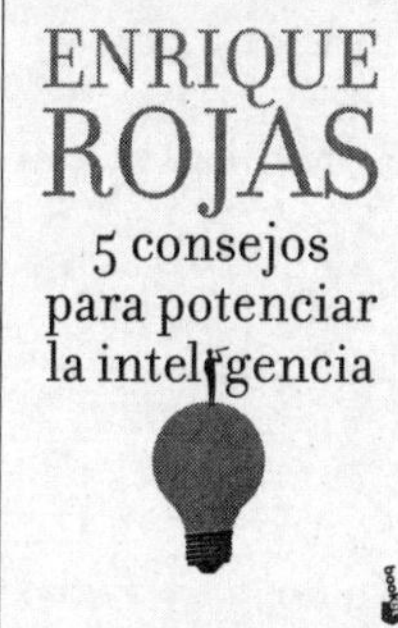

booket